최준식 교수의
삶과 죽음 이야기
02

임종 준비

최준식 교수의 삶과 죽음 이야기 02

임종 준비

최준식 지음

들어가며

   노환이 깊어지거나 말기 질환 상태에 들어가면 죽음이 눈앞에 다가온 것이다. 따라서 죽음을 맞이할 채비를 해야 한다. 다시는 건강을 회복할 수 없고 죽음을 향해 갈 뿐이다. 이제부터는 삶을 정리해야지 다른 일을 새롭게 벌려서는 안 된다. 그런데 죽음을 맞이하는 일은 이번 생에서는 처음 겪는 일이라 어떻게 해야 할지 알 수가 없다. 죽음을 어떻게 준비해야 하는지 가르쳐 주는 사람도 없었고, 그에 관한 책도 많지 않다. 게다가 이 정도로 건강이 악화되면 차분하게 생각할 여유도 없다.
   사실 임종을 준비하는 일은 건강할 때부터 차근차근 해야 한다. 그런데 그렇게 하는 사람들이 많지 않다. 특히 한국인들은 죽음을 기피하는 경향이 강해 더더욱 그렇다. 인간은 본능적으로 죽음을 피하려고 한다. 죽지 않고 영원히 사는 게 인간의 가장 큰 바람이기 때문이다. 그러나 죽음을 올바르게 이해하면 죽음이란 게 피하기만 할 것이 아니라는 것을 알게 된다. 인간의 죽음에 대해 사후생까지 포함해서 전체적으로 알고 있는 사람은 아주 드물다. 그렇기 때문에 죽음을 실질적으로 지혜롭게 준비하는 사람을 찾기가 어려운 것이다. 사람이 죽을 때 존엄하게 생을 마치려면 이 마지막 임종 단계 때에 잘 대처해야 한다.

우리는 죽음을 갑자기 맞이하지 않는다. 인간이 죽는 것은 단지 죽는 순간에만 해당되는 것이 아니다. 질병이나 사고 등으로 찾아온 죽음은 몇 단계를 거치면서 그 과정이 진행되기 때문이다. 이 책은 바로 그 과정을 단계별로 설명하고 각 단계마다 우리가 어떻게 행동해야 하는가에 대해 적은 지침서 같은 것이다. 우리는 심정적으로 죽음을 기피할 뿐만 아니라 친지의 죽음을 체험하는 기회도 많지 않아, 인간이 죽음을 맞이할 때 무엇을 어떻게 해야 하는지 잘 모른다. 게다가 갑자기 가족의 죽음을 목도하면 경황이 없어 더더욱 혼란에 빠진다. 그래서 이 책은 우리가 죽음의 각 단계에서 어떻게 행동해야 하는가를 문답식으로 간편하게 엮었다.

죽음은 당사자 한 사람만 겪는 것이 아니다. 그 주위에는 가족도 있고 의료진도 있다. 뿐만 아니라 상조회사도 있다. 이 책에서는 우선 당사자가 죽음의 각 과정에서 어떻게 처신해야 하는가를 밝혔다. 또 가족과 의료진은 어떻게 행동해야 하는가도 밝혀 놓았다. 특히 의료진이 어떻게 해야 하는가를 서술한 것은 환자 가족들이 의료진을 상대할 때 의사소통을 좀 더 쉽게 할 수 있도록 하기 위해서이다. 가족과 의료진이 서로의 처지를 잘 알고 있으면 불필요한 오해가 생기는 것을 막을 수 있을 것이다.

이 책의 내용은 필자가 회장으로 있는 한국죽음학회의 "한국인의 웰다잉 가이드라인" 제정위원회가 2010년에 펴낸 『한국인의 웰다잉 가이드라인』을 기반으로 서술한 것이다.『한국인의 웰다잉 가이드라인』 역시 바로 위에서 말한 의도하에 죽음학 각 분야의 전문가들이 협력하여 만든 책이다. 의학, 호스피스, 장묘, 종교, 철학 등에 정통한 전문가들이 같이 만들었기 때문에 그 내용의 완성도가 매우 높았다. 그런데 아쉬웠던 것은 가이드라인 체제로 가다 보니 매우 간결한 문체로 엑기스만을 적어, 독자들이 따라오기가 쉽지 않았다는 점이다. 특히 실례가 많이 있어야 일반 독자들이 이해하기 쉬운 법인데 그 책에는 그런 것이 하나도 없었다. 간결한 것은 좋은데 좀 더 내용이 풍부했다면 일반 독자들이 쉽게 접근할 수 있을 것이라는 생각이 들었다.

그러던 차에 지난 2011년 필자는 경기도청의 후원을 받아 경기도 노인회가 운영하는 노인대학에서 10여 차례 강연을 하게 되었다. 그때 위의 책을 주교재로 강의했는데 강의 형식이다 보니 많은 예를 들어가며 설명을 할 수밖에 없었다. 그때 강의하면서 위의 책이 지나치게 간결하게 쓰였다는 것을 실제로 절감할 수 있었다. 그래서 그 책을 다시 써야 한다는 확신을 갖게 되었다. 이번 책은 바로 그런 생각 끝에 나온 결과물이라 할 수 있다.

이 책에는 당시 현장에서 노인분들을 만나 직접 들은 이야기도 포함되었다. 당시에 강의하면서 절실하게 든 생각은 아직도 한국에서는 죽음교육이 제대로 이루어지지 않고 있다는 것이다. 노인대학에서도 죽음에 관한 강의가 거의 이루어지지 않고 있었으니 이렇게 말할 수밖에 없지 않을까? 노인대학에서는 그 대신 취미 강좌나 체조 등과 같은 오락성 짙은 프로그램들만 진행되고 있었다. 노년에 이런 것들을 하면서 건강하게 지내는 것도 좋지만, 인생을 정리하면서 임종을 존엄하고 평화롭게 맞이할 준비를 하는 것은 반드시 필요한 일이다. 그런데 내가 노인대학에서 목격한 것은 마치 인간이 영생할 것이라는 느낌을 주는 프로그램만 진행되고 있었다는 것이었다.

우리는 나름대로 열심히 살았기 때문에 잘 죽어야 한다. 노인대학 강의에서 항상 하던 이야기이지만 사람이 70~80세를 살았다면 어떻게 살았건 간에 엄청난 수고를 한 것이다(노인대학에서 보니 70세는 젊은 축에 속했다!). 삶이란 무조건 고단한 터라 오래 산 것 자체로도 위로받기에 충분하다. 그런 의미에서라도 노인들은 유종의 미를 잘 거둬야 한다. 다시 말해 잘 죽어야 한다는 것이다. 그 긴 생애 동안 숱한 고생을 하면서 살다가 죽을 때 또 번민에 휩싸여 힘들어하다 죽으면 얼마나 억울할까?

사람이 죽을 때 존엄하게 생을 마치려면 이 마지막 임종 단계 때에 잘 대처해야 한다. 이 책은 바로 이 마지막 임종 단계에서 우리가 편안하고 존엄하게 생을 마칠 수 있는 마음가짐과 방법들을 조목별로 알려준다. 부디 이 작은 책이 여러분들이 이 생을 마감할 때 조금이라도 도움이 됐으면 하는 작은 바람을 가져 본다.

2013년 3월
저자 삼가 씀

차례

들어가며 — 5

I. 어떻게 죽음을 맞이해야 할까?
01. 우리는 왜 죽음을 이야기해야 하는가? — 12
02. 왜 임종 안내 지침이 필요할까? — 18
03. 유언장은 왜 쓰는 것일까? — 24
04. 유언장은 어떻게 쓰는 것일까? — 30
05. 사전의료의향서는 왜 써야 할까? — 38

II. 내가 갑자기 곧 죽는다는 선고를 받는다면?
06. 말기 질환이라는 사실을 알려야 하는 이유는? — 46
07. 의사는 말기 질환 사실을 어떻게 알려야 할까? — 52
08. 의사는 말기 질환 환자를 어떻게 대해야 할까? — 58
09. 말기 질환 환자는 어떤 정리가 필요할까? — 64
10. 말기 질환 환자는 무엇을 알아 두면 좋을까? — 70
11. 가족은 말기 질환 환자에게 무엇을 해 줄 수 있을까? — 76
12. 가족은 임종 직전 환자에게 어떤 태도를 가져야 할까? — 82

최준식 교수의 삶과 죽음 이야기 **임종 준비**

III. 사별의 슬픔을 어떻게 극복해야 할까?

13. 임종 직전 혼미해진 환자, 어떻게 해야 할까? — 90

14. 임종 직전 마지막 인사는 어떻게 해야 할까? — 96

15. 임종 직후 가족들은 어떻게 해야 할까? — 102

16. 장례 준비는 어떻게 해야 할까? — 108

17. 장례는 어떻게 진행되는 것일까? — 114

18. 유족들은 어떻게 슬픔을 극복해야 할까? — 122

마치면서 — 132

부록 — 136

I

어떻게 죽음을 맞이해야 할까?

01

우리는 왜 죽음을 이야기해야 하는가?

— 당하는 죽음에서 맞이하는 죽음으로

한국인들이 죽음을 기피한다는 것은 잘 알려진 사실이다. 물론 죽음을 꺼리는 것은 한국인에게만 해당되는 것은 아니다. 인간은 태생적으로 죽음을 꺼린다. 그런데 한국인은 다른 민족보다 이러한 경향이 조금 더 강한 것 같다. 민족마다 죽음을 꺼리는 정도가 다른 것은 그들이 주로 신봉하는 종교나 세계관이 다르기 때문에 나오는 현상일 것이다.

예를 들어 보자. 기독교인도 죽음을 꺼린다. 이것은 신약의 「야고보서」 같은 곳에서 보이는 "욕심이 죄를 낳고 죄가 사망을 낳고…"와 같은 구절을 통해 알 수 있다. 그 외에도 기독교 교리에는 지옥에 대한 생생한 묘사가 있는 등 죽음의 세계에 대해 매우 부정적인 태도를 갖고 있다. 그러나 그들은 신앙생활을 잘 한 사람은 천국에 가서 예수님과 영생을 누린다고 함으로써 죽음을 긍정적으로 보는 시각도 갖고 있다. 그래서 그들의 장례식은 그저 울음바다가 되는 것이 아니라 경건한 찬송가가 흐르는 가운데 품위 있는 애도의 분위기 속에서 치러지는 경우가 많다.

이에 비해 기독교를 믿지 않는 한국인이 신봉하는 세계관은 유교 혹은 샤머니즘적이다. 불교 신자도 꽤 되지만 그들이 정말로 불교식으로 생각하며 살고 있는지는 미지수이다. 그들은 종교의례만 불교

식으로 할 뿐이지 생각은 완전히 유교식과 샤머니즘식으로 하기 때문이다. 한국인의 세계관을 형성하고 있는 유교와 샤머니즘은 아주 다른 종교이지만 공유하는 면도 있다. 내세관이 없다는 것이 그것이다. 특히 유교가 그렇다. 죽으면 천당이고 지옥이고 없다. 영혼을 인정하지 않기 때문에 죽으면 다 끝이다. 따라서 살아 있을 때가 최고다. 살아 있을 때 가능한 한 많은 부귀영화를 누려야 하고 권력까지 거머쥐면 더 좋다. 그래서 죽음은 끝까지 미뤄야 한다. 무조건 이승에 있는 시간을 늘려야 한다. 한국인은 특히 유교에 영향 입은 바가 커 죽음에 대해서도 대개 이러한 생각을 갖고 산다.

  한국인이 죽음에 대해 갖는 태도는 대체로 다음의 세 가지로 정리할 수 있다. '외면'과 '부정'과 '혐오'가 그것인데 이 세 가지는 따로보다 겹쳐서 나타날 때가 많다. 한국인은 일단 죽음 자체를 외면한다. 그들이 의지하는 유교적 세계관에는 이승밖에 없기 때문에 죽음이나 저승을 가능한 한 외면하려고 하는 것이다. 그래서 죽음에 대한 이야기는 철저하게 금기시한다. 죽음 이야기가 나오는 것 자체를 원천 봉쇄한다는 것이다. 그러다 어쩔 수 없이 죽음 이야기가 나오면 부정이나 혐오하는 태도로 돌변한다. 혹은 갑자기 화를 내기도 한다. 자신이 일부러 외면하면서 의식 저 밑에 감추어 버렸던 이야기를 꺼내니까 당황하면서 원망하고 화내는 것이다.

  이 이야기를 할 때마다 내가 드는 실례가 있다. 이것은 필자가 직접 겪은 일이다. 길에서 오랜만에 동창을 만났다. 뭐하냐고 묻자 음반 사업을 한단다. 그 말을 듣고 나는 그에게 돈을 많이 벌 수 있는 기회가 있다고 하니 예상대로 그는 귀를 쫑긋했다. 나는 그에게 같이 죽음 음악, 즉 임종자들을 위한 음반을 만들자고 제안했다. 사람이 임종이 가까워 오면 정신이 꺼져 인사불성 상태가 된다. 그럴 때 인간의 오감(五感) 중에 마지막까지 남는 것은 청각밖에 없다. 소리는 죽기 직전까지 들을 수 있다고 한다(아니 죽은 뒤에도 들을 수 있다는 보고가 많다). 따라서 이런 상태에서 임종을 앞둔 사람에게 위로를 제공할 수 있는 것은 좋은 소리나 음악밖에 없다. 종교가 있는 사람들은 그 종교의 음악(성가나 염불 등)을 들으면 되겠지만 이럴 때 보편적으로 사람이 가장 위안을 받을 수 있는 음악은 어릴 때 듣던 음악일 것이다.

그래서 나는 그에게 한국인들이 좋아하는 동요를 녹음해 그것을 임종을 맞이하는 가족들에게 팔자고 제안했다. 사람은 누구나 다 죽으니 안 살 사람이 없겠다는 생각으로 그렇게 이야기한 것이다. 아울러 이 음반이 얼마나 많이 팔리겠냐고 자랑스럽게 이야기를 했다. 나는 나름대로 좋은 제안을 했다고 생각했다(그것은 지금도 마찬가지이다!).

그랬더니 그 친구의 첫 번째 반응은 "재수 없게 죽음에 대해서 이야기하지 말아라." 였다. 예의 부정과 혐오의 태도이다. 나는 즉시 답했다. "아니 살면서 어떻게 죽음에 대해 이야기하지 않을 수 있는가?" 하니 그는 "죽음 이야기는 죽을 때 가서 해도 늦지 않다."고 답했다. 죽음을 끝까지 외면하겠다는 태도였다. 그래서 나는 "이 친구야! 그때 가서 이야기하면 늦어. 미리미리 해야지." 하고 얼버무리면서 대화를 끝냈다. 그리곤 곧바로 헤어졌는데 이 친구가 죽음에 대해 보이는 반응이나 태도는 우리 한국인이 죽음에 대해 일상적으로 보이는 전형적인 것이라 할 수 있다.

이런 한국인의 성향 탓이라고 생각되는데 KBS1 TV의 장수 교양 프로그램인 '생로병사의 비밀'에서도 멀쩡하게 제목에는 죽음을 넣어 놓고도 죽음 문제는 거의 다루지 않는다(최근에 와서 일부 다루긴 했지만). 이것은 죽음 문제를 방송에서 다루면 시청자들이 '재수없다'고 생각해 채널을 돌려 버리기 때문일 것이다. 혹여 TV에서 죽음을 다룬다 해도 '죽음'이라는 단어를 쓰기가 여간 조심스러운 게 아니다. 그래서 '웰다잉'이니 '웰엔딩' 같은 영어 단어로 표현한다거나 '마지막 사과나무를 심는 마음으로'와 같이 한참을 에둘러서 표현한다.

이런 예에서 알 수 있듯이 한국인들 대부분이 죽음을 미리 준비하지 않는다. 한국인이 주로 관심을 가지는 것은 '웰빙'이지 아직 '웰다잉' 혹은 '웰엔딩'까지는 오지 못했다. 물론 이전보다는 많이 나아졌지만 아직도 한국인의 죽음 인식은 바닥을 헤매고 있다. 그래서 2007년에 필자가 동료들과 창립한 〈한국죽음학회〉에서는 표어를 "당하는 죽음에서 맞이하는 죽음으로"라고 정하고 사람들로 하여금 어서어서 죽음을 준비하자는 권유를 해 왔다. 한국인은 평소에 죽음을 제대로 준비하지 않고 있다가 갑자기 죽음이 찾아오면 그제야 허둥대다가 죽음에 '당해 버리고' 만다. 이때 허둥대는 구체적인 모습은 뒤에서 보기로 하는데, 많은 한국인이 끝까지 삶에 집착하다가 속절없이 세상을 떠나고 만다. 이렇게 임종을 겪으면 가장 손해를 보는 사람은 본인 자신이다. 그 어려운 인생 힘들게 살아 놓고 죽을 때 똥오줌 못 가리고 자기 자리를 엉망으로 만들어 놓고 가니 말이다. 임종이 존엄하기는커녕 추한 모습만 남겨 놓고 가니 얼마나 애석한 일인가? 물론 그 때문에 가족들이 겪는 고통도 무시할 수 없다.

그러면 어떻게 하면 좋을까? 앞으로 본문에서 이 문제를 상세하게 살펴볼 것이다. 즉, 죽음을 맞이했을 때 각 단계별로 어떤 준비를 해야 하는지를 보게 된다. 죽음의 과정에서 가장 먼저 맞이하는 단계는 다시는 건강을 되찾을 수 없는 단계이다. 이 단계를 비가역적(非可逆的)인 단계라고 한다. 그 이전 단계는 건강을 되찾을 수 있는 상태이기 때문에 죽음 쪽으로 향하는 것은 아니다. 따라서 이 단계는 이 책에 포함시키지 않았다. 비가역적 단계도 더 세세히 나눌 수 있는데, 그것은 앞으로 설명하면서 기술하기로 하겠다.

02

왜
임종 안내 지침이
필요할까?

비가역적 상태에 돌입했다는 것은 이제 당사자가 죽음을 향해서만 나아간다는 것을 의미한다고 했다. 다시 말해 대부분의 경우 말기 질환 상태가 된 것을 말한다. 말기 질환이란 무엇인가? 사람들은 늙으면 대부분 질환에 걸려 임종을 맞이한다. 이때 죽음에 이르게 하는 질환을 보통 말기 질환이라고 부른다. 질병이 악화되어 수술이나 항암 치료 같은 요법으로는 고칠 수 없는 상태가 된 것이다. 말기 질환으로 진단 받으면 살 수 있는 시간이 대체로 평균 6개월 정도밖에 안 된다. 그러나 이것은 평균이고 1년을 넘게 사는 사람이 있는가 하면 2개월밖에 못 사는 사람도 있다. 기간이 어떻든 말기 질환에 걸린 사람의 상태는 임종을 향해서만 진전된다.

인간이 죽어 가는 과정에서 당사자가 말기 질환 혹은 비가역적 상태에 돌입했느냐 아니냐를 판정하는 것은 대단히 중요한 사안이다. 왜냐하면 어떤 상태이냐에 따라 대응하는 양상이 달라지기 때문이다. 더 세분한다면 말기 질환 상태에 들어갔다 하더라도 의식이 남아 있을 때와 의식이 없을 때를 구분해야 한다. 의식이 있을 때에는 당사자가 자신이 죽어 가는 과정에 관여할 수 있지만 의식이 없으면 그 다음부터는 본인이 할 수 있는 일은 하나도 없다. 따라서 그 이후의 일은 의료진과 가족이 책임지게 된다. 이 마지막 과정에서 환자 당사자와 의료진, 그리고 가족들은 각자 자기 위치에서 하는 역할이 다르다.

그런데 대부분의 한국인은 앞 장에서 말한 것처럼 죽음 대비를 별로 하지 않고 있다가 임종이 닥쳐서야 허둥댄다. 따라서 말기 질환에 걸렸을 때에도 냉정하게 죽음을 준비하면서 맞이하기보다는 어찌할 바를 모르다가 필패할 수밖에 없는 생명 연장 시도 쪽으로 가닥을 잡는 경우가 많다. 그리고 그렇게 발버둥 치다 당사자가 운명하면 그때에도 어찌할 바를 모른다. 현대 한국인 가운데 장례 치르는 법을 아는 사람이 몇이나 되겠는가? 물론 요즘은 상조회사가 많이 생겨 돈을 주고 장례 일체를 맡기면 되지만 어떻든 죽음에 관한 한 한국인들은 전부 무식쟁이가 된 것이다.

사정이 이렇게 된 것은 몇 가지 이유가 있을 게다. 그중에 사회적인 요인으로는 우선 공동체 사회가 붕괴된 것을 들 수 있다. 과거에는 죽음이라는 사건을 개인 혼자 겪지 않았다. 오늘날처럼 개인주의가 득세하기 전에는 개인에게 일어나는 사건은 모두 집안이나 마을과 연관되었기 때문이다. 당시에 사람이 태어나고 결혼을 하고 죽음을 맞이하는 중요한 순간에는 집안이나 마을 전체가 참여하기 때문에 개인이 준비해야 하는 것은 그다지 없었다. 개인은 그저 마을에서 정해 놓은 것을 따르기만 하면 전혀 문제가 없었다.

예를 들어 보자. 사람이 죽으면 가장 먼저 하는 일은 상을 당한 가족이 속한 마을이나 옆 마을에서 상례에 밝은 노인을 호상(護喪)으로 모시는 일이다. 호상이란 지금 말로 하면 장례위원장쯤 되겠다. 호상이 선정되면 그 뒤의 모든 장례 절차는 호상이 지시하는 대로 따라하면 되었다. 따라서 개개인이 장례 절차를 잘 모르더라도 그다지 문제 될 게 없었다.

그러나 현대 사회에서는 마을 공동체가 거의 사라지고 사람들은 주로 도시에서 살게 되었다. 그 결과 과거의 생활 규범이나 조례들이 모두 단절되었을 뿐만 아니라, 이런 것들에 능한 노인들이 없어 현대인은 상을 당하면 어찌할 바를 모르게 되었다. 게다가 한국인은 유달리 현세에 집착하는 마음이 강해 죽음을 준비하는 정신이나 과정이 매우 부족했다. 그 결과 죽음에 관한 한 한국인의 사회 관습에는 큰 구멍이 뚫리게 된다.

이 때문에 많은 문제가 생겨났는데 그 때문에라도 이런 지침서 혹은 가이드라인이 필요한 것이다. 장례야 상조회사에게 일임하면 되지만 말기 질환 상태에서 죽음을 준비하지 않고 무작정 치료에만 매달리는 것은 많은 문제를 발생시킨다. 나중에 좀 더 상세하게 보겠지만 여기서 간단하게 보면 다음과 같다.

환자가 자신의 주변을 정리하지 않고 임종할 경우 유산 처리나 장례법(매장, 화장 등) 선정 같은 문제에서 남은 가족들에게 큰 혼란을 줄 수 있다. 이런 것들을 확실하게 해 놓지 않으면 자식들 사이에 갈등이 생기기 때문이다. 뿐만 아니라 과도한 의료비 지출로 인해 가족들이 장례가 다 끝난 뒤 경제적으로 큰 고통을 겪을 수 있다. 전하는 바에 따르면 이런 말기 환자들을 치료하는 데 들어가는 돈이 전체 의료비의 40%를 차지한다고 한다. 이것은 대부분 낭비이다. 이렇게 돈을 써도 대개는 생명을 구하지 못하기 때문이다. 이 돈이 치료 가능한 환자들에게 쓰인다면 훨씬 의미가 있을 터인데 우리는 그렇게 하지 못하고 있는 것이다.

이렇게 비용이 많이 드는 것은 환자가 의식불명이 됐을 때 심폐소생술이나 인공호흡, 인공 투석 같은 고비용이 발생되는 연명 치료를 하기 때문이다. 뿐만 아니라 MRI같은 촬영도 고비용이 든다. 이런 치료는 환자를 살려 내지 못하니 의미가 없다고 했다. 아울러 환자의 수명을 인공적으로 연장함으로써 환자 자신 역시 큰 고통에 빠진다. 이렇게 되면 환자는 고결한 인간으로서 존엄하게 생을 마감할 권리를 박탈당한다. 불필요한 연명 치료를 받지 않고 온전한 몸 상태에서 임종을 맞고 싶어도 그렇게 할 수 없는 것이다.

임종이 가까워 오면 대부분 사람들은 인사불성이 되어 혼수상태에 빠진다. 이럴 때 많은 경우 연명을 위해서 고가의 의료기구들을 환자 몸에 연결한다. 이 경우 환자의 똥오줌을 다른 사람이 받는 것은 당연한 것이니 그에 대해서는 거론할 필요 없다. 이런 상태로 몇 달(혹은 몇 년)을 있다가 임종을 맞이하는 것인데 정신이 건전한(온전한 판단력이 살아 있는) 사람이라면 이런 식으로 자신의 최후를 맞이하고 싶지는 않을 것이다.

이러한 문제를 해결하려면 다음 두 가지 사안을 이행하면 된다. 즉 유언장과 사전의료의향서의 작성이 그것이다. 이때 유언장은 꼭 말기 질환이 시작됐을 때 작성할 것이 아니라 미리 미리 써 놓는 것이 좋다. 사전의료의향서는 역시 건강할 때 언제든지 써 놓을 수 있지만 특히 말기 질환을 선고 받으면 그때에는 반드시 써 두어야 한다. 사전의료의향서는 본인이 의식불명 상태에 빠졌을 때 받고 싶거나 거부하고 싶은 의료 서비스를 미리 지정하는 것이니, 의식이 있을 때 반드시 써 놓으라는 것이다.

이제 죽음이 시작되었다. 자신의 문제로 돌아와 그 첫 단계로서 유언장과 사전의료의향서를 작성했는지 점검해 보자. 미리 써 두었다면 문제없는 것이고 아직 쓰지 않았다면 이제라도 쓰면 된다. 그럼 이 유언장과 의향서에는 무슨 내용이 들어가는 것일까? 이제 하나하나 그 내용을 보도록 하자.

03

유언장은
왜
쓰는 것일까?

'통장은 가족에게 물질을 남기지만 유언장은 가족에게 마음을 남긴다.' 는 말이 있다. 이것은 임종을 맞이할 때 유언장이 얼마나 중요한 것인가를 말해 준다. 유언장은 가족들에게만 중요한 것이 아니라 임종자 본인에게도 유익하다. 본인은 유언장을 쓰면서 삶을 되돌아보고 잘 정리해서 자신의 죽음을 확실하게 준비할 수 있기 때문이다. 다시 말해 문서로 유종의 미를 거두는 것이다.

그런데 유언장은 반드시 죽음이 임박했을 때에 써야 하는 것은 아니다. 오히려 건강할 때 성성한 정신에 평소의 감각으로 쓰는 것이 좋다. 그렇게 써 놓고 1년에 한 번 정도 수정하는 것도 가능하다. 사람 생각은 언제든지 바뀔 수 있으니 얼마든지 내용을 수정할 수 있는 것이다.

유언장에는 남은 가족들에게 필요한 정보를 남겨 혼란이 생기는 것을 미연에 방지할 수 있다. 이때 필요한 정보란 유산 상속 문제를 확실하게 해 자식들 사이에 갈등을 생기지 않게 하는 것도 있지만, 통장의 비밀번호처럼 실질적인 것도 포함된다. 이런 것들은 작은 정보인 것 같아도 가족들이 모르고 있으면 피해를 볼 수 있다. 부친이 사망한 뒤 그의 통장에 있는 돈을 정리하려 해도 비밀번호를 모르면 난감해질 수 있다. 물론 사망진단서를 금융감독원 같은 기관에 제출하면 비밀번호를 알아 낼 수는 있다. 하지만 비밀번호를 미리 유언장에 밝혀 놓으면 그런 번거로운 일을 피할 수 있지 않겠는가?

유언장을 쓴 뒤에 이 문서가 어디에 있는지 가족들에게 반드시 알려 주는 것도 잊어서는 안 된다. 아무리 유언장을 써 놓았어도 그 소재를 모르면 다 허사가 될 터이니 말이다. 따라서 유언장은 생전에는 자기만 접근할 수 있는 장소나 공적 기관에 맡겨 두는 것이 좋을 것이다. 예를 들어 만일 기독교 신자라면 교회에 공적으로 맡기는 것도 좋은 방법일 것이다.

그러나 유언장과 관련해 가장 중요한 것은 법적 효력 문제이다. 만일 유언장이 법적 효력을 지닐 수 없게 되면 그 유언장은 있으나마나 한 것이니 이것은 매우 중요한 문제이다. 그러면 어떤 조건이 충족되어야 유언장이 법적 효력을 갖게 될까? 일단 자필로 쓰면 별도의 공증 절차 없이 법적인 효력을 갖는다. 그러나 만일 프린터로 인쇄한 것이라면 변호사나 공증사무소에 가서 반드시 공증을 받아야 한다. 출력한 내용에다가 자신의 도장을 찍는 것만으로는 법적으로 인정받지 못한다는 말이다. 그런가 하면 개인이 아니라 회사와 같은 공적인 곳에 유언장을 남길 경우에는 아무리 자필로 써도 공증을 받아야 효력이 있으니 조심해야 한다.

그다음에 중요한 것은 유언장에는 유언자에 대한 다음과 같은 다섯 가지 정보가 반드시 들어가야 한다는 것이다. 이것은 민법 제

1066조에 따른 것으로 유언장에는 반드시 전문(내용), 날짜, 주소, 성명, 날인의 다섯 가지 사항이 있어야 유효한 것으로 판정된다. 여기서 다시 주의를 요하는 것은 날인인데 이것은 개인의 도장을 찍는 것이다. 도장 찍는 것은 타인이 해도 상관없으며 또 반드시 인감도장일 필요도 없다. 엄지손가락 등으로 찍는 무인(拇印)도 문제없다. 아무리 자신의 의사를 이 유언장에 다 밝혔다 하더라도 도장이 찍혀 있지 않으면 무효가 되니 조심해야 한다. 도장이나 무인 대신 사인(sign)을 하는 것은 인정 받지 못하니 조심해야 할 것이다.

이와 관련해서 이런 사례가 있었다. 어떤 사람이 죽기 전에 아들들 몰래 대학에 수백 억 원을 기증하겠다는 유언장을 썼다. 아들들은 부친의 사후에 그 사실을 알고 자신들이 유산을 받지 못하게 된 것을 매우 억울하게 생각하고 있었다. 그런데 아버지의 유언장에 도장이 찍혀 있지 않은 것을 발견하고 아들들은 법원에 이를 제소했다. 그 결과 아들들이 이겨 아들들이 유산을 상속 받게 되었다. 아버지의 뜻을 따르지 않고 자식들이 자기 잇속을 차린 것은 도덕적으로 문제가 있을 수 있지만 이런 경우 항상 법적 효력이 문제가 되므로 도장 찍는 일이 중요하다는 것을 상기시킬 수 있는 좋은 사건이었다.

그러면 유언장에는 어떤 내용들이 들어가야 할까? 여기에는 어떤 절대적인 기준은 없다. 다만 다음과 같은 항목이 포함되면 바람직하겠다. 독자들은 이 항목들을 참조해 그 밖의 개인적인 사항을 추가하여 자기 나름대로 쓰면 된다. 여기서는 그 항목들만 쓰고 자세한 설명은 다음 장에서 하도록 하자.

〈유언장의 주요 내용〉

1. 날짜, 주소, 이름을 적고 날인하기

2. 전문(유언장 내용)
첫째, 임종 방식에 대해 밝히기(임종 장소나 장지 등에 대해 밝히기)
둘째, 장례 방식에 대해 밝히기(매장, 화장, 수목장, 해양장 등에 대해 밝히기)
셋째, 유산 배분에 대해 밝히기(상속 문제와 기증 문제에 대해 밝히기)
넷째, 금융 정보에 대해 밝히기(은행 저금을 비롯해 각종 금융 정보에 대해 밝히기)
다섯째, 남기고 싶은 이야기(배우자나 자식들 각각에게 하고 싶은 말 남기기)

이상인데 이 항목들은 최소한의 것이고 본인이 원한다면 어떤 항목을 추가해도 좋다. 그리고 알아 두어야 할 것은 여기서 본인이 밝힌 것은 법보다 우선적으로 효력을 갖는다는 것이다. 만일 유언장에서 밝힌 것이 실정법과 배치되는 것이 있다면 이 유언장에서 쓰인 것에 손을 들어 준다는 것이다. 비근한 예로 유산 상속을 할 때 법적으로는 배우자가 반을 상속하고 자식들에게는 딸아들 구별 없이 나머지 반을 균등하게 배분해야 한다. 그러나 본인이 큰아들에게 재산을 모두 주겠다고 유언한다면 그것을 막을 수 있는 법은 없다. 하기야 본인이 번 돈을 본인이 알아서 물려주겠다는데 나라가 어떻게 하라고 참견할 수는 없는 일 아니겠는가?

   자세한 양식과 참조할 수 있는 견본은 이 책 뒷부분에 부록으로 실어 놓았다.

04

유언장은
어떻게
쓰는 것일까?

유언장에는 꼭 개인 신상 정보와 날짜를 쓰고 날인해야 한다는 점은 앞에서 이미 밝혔으니 여기서는 유언장에 들어갈 전문 내용에 대해서 구체적으로 보기로 하자.

첫 번째로 나오는 임종 방식 항목에서는 자신이 최후를 어디서 어떻게 마치고, 만일 매장을 선호한다면 어디에 묻히고 싶은가를 밝힌다. 그런데 요즘 와서 임종을 맞고 싶은 장소는 그다지 선택의 여지가 없다. 현대 한국인은 많은 경우 아파트에서 살고 있는데, 아파트에서는 임종하기가 어렵기 때문이다. 한국인은 아직도 죽음을 부정적으로 생각하기 때문에 관이 승강기에 들어가는 것을 극력 꺼린다(산 사람만 타는 승강기에 죽은 사람이 타면 부정 탄다는 것일 게다!). 그러니 아파트에서는 임종을 하고 싶어도 힘들다는 것이다. 그래서 요즘은 집에서 말기 질환을 앓던 부모님이 임종이 임박하면 서둘러서 병원으로 모시고 가는 경우가 많다.

그 다음에 매장을 원할 경우에는 장지를 어디로 할 것인가를 밝혀 두는 것이 좋다. 그리고 자신의 시신이나 장기 일부를 기증할 생각이 있다면 그것도 여기서 언급해야 한다. 생전에 다른 경로로 이미 시신과 장기 기증을 서약했다면 그에 대해 자세한 정보를 남기는 게 좋겠다.

그 다음으로 중요한 것은 장례 방식이다. 대표적인 장법인 매장, 화장, 수목장 가운데에서 하나를 택하면 되겠다. 아울러 화장해서 바다에 뿌리는 해양장도 생각해 봄직하다. 해양장의 경우 법적인 문제가 있을 것이라고 짐작하는 사람이 많은데 해양장에 관해서는 법 조항 자체가 없기 때문에 문제가 없다. 아울러 상조회사 서비스에 가입했을 경우에는 정확한 정보를 남겨서 자식들에게 혼선이 생기지 않게 해야 할 것이다.

장례식 방식에 대해서도 적극적으로 의견을 남기는 것이 좋다. 아직 한국에서는 자신의 장례식을 디자인하는 사람이 극히 드문데, 미국의 어떤 간호사는 임종 직전에 자신의 장례식 순서를 다 짰을 뿐만 아니라 초청할 사람들의 명단과 연락처까지 남겼다고 한다. 그리고 식순에는 자신이 좋아하는 노래(기독교 찬송가)를 넣고 인사말은 누가 해 주었으면 한다는 것도 밝혔단다. 더 놀라운 것은 자신이 직접 인사말을 녹음해 장례식 당일에 틀어 달라고 부탁한 것이다. 자신이 마지막 가는 길을 자신이 주도해서 준비한 것이다. 장례식이 이 정도 되면 유족들이나 지인들도 편안한 마음으로 고인을 보낼 수 있지 않을까 한다.

한국인들 가운데에는 아직 이렇게 적극적으로 자신의 장례식을 준비하는 사람이 없는 것 같다. 아마 막연하게 죽으면 그냥 자식들이 알아서 해 주겠거니 생각하는 것이리라. 그러나 필자가 서울 의대의 정현채 교수에게 들은 어느 임종자의 사례는 장례식에 관해서 많은

The Descendants 감독_ Alexander Payne(2011)

이제 죽음이 시작되었다.
자신의 문제로 돌아와 그 첫 단계로서
유언장과 사전의료의향서를 작성했는지 점검해 보자.

것을 생각하게 한다. 이 임종자는 장례식 전체를 디자인한 것은 아니지만 나름대로 직접 자신의 장례식에 관여해서 좋은 선례를 남겼다. 장례가 끝나고 문상객들은 장의차를 타고 화장장으로 향하고 있었다. 화장장으로 향하는 차인지라 분위기는 아무래도 침울할 수밖에 없었다. 그런데 갑자기 버스 안에 있는 TV가 켜지더니 고인의 얼굴이 나왔다. 문상객들은 뜻밖의 고인의 출연에 놀라면서도 의아해 했다.

이윽고 화면 속의 고인은 환하게 웃으면서 "이렇게 날씨도 궂은데 저의 마지막 길인 화장장까지 가 주시는 여러 손님들께 진심으로 감사드린다.* 한평생 살면서 여러분들에게 많은 신세를 졌고 그 점을 아주 고맙게 생각한다…" 등등의 말을 전했다. 그러자 금세 버스 안의 분위기가 화기애애해져 모두 유쾌한 마음으로 고인을 보냈다고 한다. 이처럼 이승을 떠나는 마지막 가는 길을 자신이 주도해서 얼마든지 멋있게 만들 수 있다. 이것은 한 예에 불과하고 사람마다 얼마든지 다르게 디자인할 수 있을 것이다.

이뿐만이 아니다. 자신이 타계한 후 자식들이 행하게 될 제사(혹은

---

*그런데 이 사람은 화장장으로 가는 날의 날씨가 궂은지 어떻게 알았을까? 가족들의 전언에 따르면 고인은 날씨 별로 다 녹화를 해놓았다고 한다. 그래서 당일 날씨를 보고 그에 맞는 영상을 튼 것이다. 이 정도면 고인은 아주 용의주도한 사람이라고 할 수 있다.

추모제)에 대해서도 자신의 의견을 밝히면 좋겠다. 제사 드려 주기를 원하는지, 원한다면 어떤 식으로 하면 좋겠는지 지침을 밝히자. 정식 제사는 말고 (기독교 식 같은) 간단한 추모만을 원한다면 그렇게 요구할 수 있을 것이다. 필자는 임종 방식과 장례 방식을 별도로 이야기했는데 굳이 그렇게 하지 않고 한데 묶어서 해도 문제는 없다.

그 다음으로 중요한 것, 아니 유언장에서 가장 중요하다고 할 수도 있을 유산 배분(유산 상속) 문제를 보자. 이것은 앞에서 말한 대로 유산을 놓고 자식들 사이에 생길 수 있는 분쟁이나 갈등을 미연에 방지하기 위해 확실하게 하자는 것이다. 인간은 아무리 형제자매 간이라도 자신의 이해가 걸린 문제가 터지면 아버지 임종 침상 앞에서도 싸우게 된다. 그래서 유언장에 재산 배분 방식을 미리 밝혀 두자는 것인데 그렇다고 해서 이 문제를 자식들 몰래 혼자 결정해서 유언장에 써 놓는 것은 그다지 현명한 방법이 아닐 듯하다. 그보다는 미리 자식들과 상의해서 합의를 한 다음에 쓰는 것이 좋겠다. 유산에는 돈이나 부동산만 있는 게 아니라 유물도 포함된다.

유산 중의 일부를 사회에 환원하거나 기부할 경우 이에 대해서도 명확하게 밝혀 두어야 한다. 유산 상속과 관련해 심지어 이런 유의사항도 있다. 만일 (남자의 경우에) 혼외의 자식이 있다면 그것도 기재해 놓으라는 것이다. 이런 자식들이 고인의 사후에 유산 상속을 요구할 수도 있기 때문이다. 그래서 친자 소송이니 하는 복잡한 일이 생길 수도 있으니 주의하라는 것이다. 이런 일이 당사자 사후에 생기게 하여 자식들에게 누를 끼치지 말라는 의도로 생각된다.*

유산 상속만큼 중요한 사항은 자신과 관련된 금융 정보이다. 우선 자신의 신분증(주민등록증이나 운전면허증, 여권)이나 도장(인감)이 어디에 있는지 그 소재를 밝혀 놓는 것이 좋다. 다음은 현금이다. 현금을 금고나 은행의 비밀계좌처럼 자신만 아는 곳에 감추어 놓았다면 그것도 밝혀야 한다. 예금통장의 소재와 그 비밀번호를 적어 놓으라는 것은 앞 장에서 이미 언급했다. 이 외에도 금융 상품은 많다. 주식이 대표적인 것이겠고, 펀드·연금 등 요즘은 다양한 상품이 많으니 그것들을 있는 대로 적어 놓지 않으면 자식들이 다 찾아내기가 힘들 수 있다.

부동산 권리증서나 채무 관련 증서들도 있으면 가감 없이 밝혀 놓아야 한다. 특히 돈을 현금으로 빌려주었거나 빌린 경우를 유의해야 한다. 이 경우에 증서가 없으면 다른 사람들이 전혀 알 수 없으니 확실하게 밝혀 놓아야 할 것이다. 영수증 챙기는 것도 잊지 말자. 특히 세금 낸 영수증이나 중요한 영수증들이 어디에 있는지 적어 놓으면 좋을 게다. 자동차 등록증과 같은 등록 서류들도 보관 장소를 적어

---

* 이런 일이 자주 있는 것은 아니지만 불란서의 전설의 가수 이브 몽땅에게 이와 비슷한 일이 있었다. 그의 사후 딸이라고 주장하는 사람이 나타났고 친자임을 확인하기 위해 몽땅의 묘에서 유골을 취해 DNA를 감식 받은 적이 있었다(그런데 친자로 확인됐다고 한다!).

두면 자식들의 공연한 수고를 덜 수 있다.

  마지막에는 앞에서 본 것 같은 기계적인 정보가 아니라 본인의 마음이 담긴 글을 남기는 것이다. 자식들과 한평생을 살았지만 면전에서는 잘 할 수 없는 이야기들이 있다. 그런 이야기 가운데 부모로서 꼭 해 주고 싶은 것들이 있을 수 있다. 여기서는 그런 못다 한 말들을 적는 것이다. 달리 표현하면 이 지면에 자신의 마음을 놓고 간다고 할 수 있겠다. 이 내용에는 추억도 있을 수 있고 큰 애정과 감사의 말도 있을 수 있고 그 외 개인마다 색다른 내용이 포함될 수 있을 것이다. 이런 글은 자식들로 하여금 평생동안 부모를 그리고 상기하고 기릴 수 있게 하는 좋은 유산이 될 것이다. 이런 좋은 글로 마무리를 하면 유언장은 완성되는 것이다.

05

사전의료의향서는
왜
써야 할까?

유언장이 주로 자식들을 위해 쓰는 것이라면 사전의료의향서(이후 '의향서')는 자신을 위해 작성하는 것이다. 의향서를 쓰는 이유는 간단하다. 임종이 가까워질 때 본인이 겪는 고통이나 수고를 줄여 인간으로서 존엄을 잃지 않고 임종을 맞이하자는 것이다. 우리는 병이나 예기치 않은 사고로 언제 의식불명 상태가 될지 모른다. 그리고 이 상태가 비가역적이라면 그때부터는 어떤 치료도 소용없게 된다. 그런데 이런 일이 생기기 전에 아무 조치도 해 두지 않았다면 이때부터 생명 연장을 위해 많은 기기를 사용해 불필요한 치료에 돌입할 수도 있다.

있을 법한 예를 들어보자. 만일 당신이 자동차 사고를 당해 현장에서 혹은 그 이후에 의식불명 상태가 되었다고 하자. 그리고 여러 가지 조처와 진단 끝에 병원에서 당신의 상태가 비가역적인 것으로 판명되어 호전될 여지가 없다는 결론이 나왔다고 하자. 이런 경우가 되면 몸에 붙어 있는 각종 연명장치들을 떼는 것이 좋다. 그런데 만일 연명장치를 쓰지 않겠다는 소신을 미리 문서로 밝혀 놓지 않았다면, 그 장치를 뗄 수 없다. 보라매 병원 사건*의 경우처럼 아무리 가족의 동의하에 연명장치를 뗐더라도 고소를 당하면 법적으로 문제가 되기 때문에 의료진은 손을 대려고 하지 않는다. 그렇게 되면 환자는 환자대로 고생하고 그런 환자를 보는 가족들은 그들대로 힘들고 속수무책인 상태가 된다. 게다가 늘어나는 치료비도 경제 사정이 넉넉하지 않은 집안에서는 큰 부담이 될 수밖에 없다.

이런 경우 환자는 중환자실로 옮겨진다. 중환자실은 그곳에 실제로 가 본 사람은 누구나 고개를 절레절레 흔드는 곳이다. 결코 가고 싶지 않을 만큼 처절한 풍경이 펼쳐지기 때문이다. 중환자실 내부를 찍은 사진을 보면 보통 환자들에게는 생명을 연장하는 기계에 연결된 각종 호스가 꽂혀 있다. 사정이 이러하니 가족들의 면회도 극히 제한된다.

그래서 어떤 의사는 '중환자실에서 맞는 죽음이야말로 어쩌면 가장 피하고 싶은 죽음'이라고 말했다.** 이때 환자는 말로 할 수 없는 고통을 받는다. 그런데도 한국인은 많은 경우 끝까지 치료하는 쪽을 선택한다. 앞에서 인용한 신문 기사에 따르면 한국인은 평생 쓰는 의료비 가운데 절반을 죽기 전 한 달 동안에 쏟아 붓는다고 한다. 더 정확하게 말하면 죽기 전 3일 동안 전체 의료비의 25%를 쓴다고 한다. 이것이 사실이라면 이는 참으로 어리석은 일이다. 이것은 돈을 그냥

* 의식불명이 된 환자의 연명장치를 환자 부인의 동의하에 떼어 사망에 이르렀는데 환자의 누나가 의료진을 법원에 고소한 사건이다. 당시 의료진은 법원으로부터 유죄 선고를 받았다.
** 골든 에이지 포럼 회장인 김일순(연대 의대 명예교수)의 말로 2012년 9월 6일 조선일보 '만물상'에 보도되었다.

베로니카, 죽기로 결심하다 Veronika Decides To Die 감독_ Emily Young(2009)

죽음을 맞이하는 우리(환자)는
죽음을 부정하지 말고 능동적으로 대면해야 할
인생의 한 과정으로 직시해야 한다.

〈표〉 사전의료의향서 표본(sample)

본인(이름:)은 말기 질환 즉, 회생 가능성이 없는 질환 상태라고 의료진이 판단할 경우, 가족과 의료진에게 아래와 같이 해 주기를 요청합니다.

의학적 처치 종류		원합니다	원하지 않습니다
특수연명치료	심폐소생술	(서명)	(서명)
	인공호흡기 삽입	(서명)	(서명)
일반 연명치료 (진통제, 영양공급 등)		(서명)	(서명)
기타(투석, 항생제, 혈액검사, 수혈 등)		(서명)	(서명)

갖다 버리는 것이기 때문이다. 돈을 이렇게 그냥 버리는 것도 문제이지만 환자나 가족이 겪어야 하는 고통이 엄청나니 더 문제가 된다.

한국인들이 이렇게 할 때 내세우는 논리 중에 하나가 '부모님이 마지막 가시는 길이니 자식의 도리를 다하겠다.' 는 것이다. 이른바 효의 논리가 나오는 것이다. 그러나 이렇게 하는 것은 결코 효가 아니다. 아니 아예 큰 불효다. 이럴 때는 어서 보내 드리는 것이 효다. 자기 마음이 아프다고 부모를 힘들게 붙잡아 놓는 것은 효가 아니라는 말이다(그런데 또 이렇게 안 하면 주위에서 매정한 자식이라고 수군거린다).

그럼 이런 사태를 어떻게 방지할 수 있을까? 해답은 사전의료의향서를 쓰는 것이다. 의향서에는 어떤 내용이 있고 어떻게 작성하면 되는 것일까? 자세한 양식은 부록에 첨부했으니 그것을 보면 되겠지만 내용은 간단하다. 진통제 투여나 영양 공급을 제외한 다른 치료는 거부하면 되기 때문이다(표 참조).

이 가운데 우선 특수 연명 치료는 거부해야 한다. 그리고 기타 사항에 나오는 검사 같은 것도 임종을 목전에 두었을 때에는 의미 없는 것이니 원하지 않는다고 하면 된다. 대신 일반 연명 치료인 진통제 투여나 영양 공급만 원한다고 하면 된다.

이렇게 의향서를 작성해서 본인이 갖고 있어도 되고 사회 공공기관에 맡겨도 된다. 마침 우리나라에도 사전의료의향서 실천 모임이 시민운동 형식으로 시작되었으니 이 단체를 이용해도 좋다(자세한 것은 부록에 설명했다). 이 단체에 연락하면 의향서 서식을 보내 주니 이것을 작성해 자신이 잘 보관해 두면 된다(그리고 본인이 원하면 그 사본을 자신이 다니는 병원에 스캔해서 맡겨 놓을 수도 있다). 그러나 큰 병원에는 대부분 의향서가 준비되어 있으니 말기 질환으로 진단 받으면 병원에 의향서를 요청해서 작성해도 된다.

그러나 만약 이 의향서를 작성하지 않았더라도 사전에 가족들에게 무의미한 연명 치료는 받지 않겠다고 확실하게 밝혀 놓는 것이 좋다. 이럴 때 문제는 환자가 실제로 불의의 사고로 의식불명 상태에 들어갔을 경우 가족들이 의료진들에게 환자의 평소 뜻이 어떠했는지 충분하게 설득할 수 있어야 한다는 것이다. 그런데 실제 상황에서는 다른 경우도 있는 모양이다. 즉 환자가 의향서를 써 놓았음에도 불구하고 혼수상태 때 환자의 자식들이 의향서를 무시하고 연명 치료에 들어가는 것이 그것이다. 이런 일은 무지의 소산으로 철저하게 배격해야 할 것이다.

  마지막으로 명심할 것은 의향서는 본인의 의사에 따라 언제든지 철회가 가능하니 작성하는 데에 부담을 가질 필요가 전혀 없다는 것이다.

II

내가 갑자기 곧 죽는다는 선고를 받는다면?

06

말기 질환이라는
사실을 알려야 하는
이유는?

젊었을 때에도 암 등에 의해 말기 질환에 걸릴 수 있지만, 자연스럽게 나이 들어 노환으로 생을 마감하게 될 때도 말기 질환으로 죽음에 이르는 경우가 태반이다. 이런 경우 말기 질환이 생겼다는 사실을 환자에게 알리는 것은 대단히 중요한 일이라 할 수 있다. 환자 자신이 말기 질환에 걸렸다는 것을 알아야 거기에 맞게 대처할 수 있기 때문이다. 환자가 이 사실을 알게 되는 양상은 대체로 다음의 서너 가지 유형으로 구분할 수 있다.

첫 번째는 폐쇄형이다. 이 경우는 제일 안 좋은 예에 속한다. 말기 질환이 발생했다는 사실을 철저하게 감추어 버리기 때문이다. 검사를 통해 말기 질환으로 판명이 났는데도 이 사실을 환자에게 비밀에 부치는 것이다. 지금도 한국에서는 이렇게 하는 경우가 많다. 한국인들은 어떤 중대한 일이 생기면 그것을 공개해 놓고 전체적으로 토론을 해서 문제 해결하는 데에 서툴다. 그와 반대로 일단은 쉬쉬하면서 뒤에서 은밀하게 문제 해결을 도모한다. 말기 질환임을 당사자에게 알리는 문제도 마찬가지다.

가족 내에 말기 질환 환자가 생기는 것은 위중(危重)한 일이다. 위험하면서 중요하다는 이야기이다. 그래서 이런 일이 생겼을 때 그것을 공개해 버리면 그 막중한 무게를 도저히 감당할 수가 없을 것 같은 기분이 든다. 이제껏 이런 일을 겪어 본 적이 없기 때문이다. 인간의 죽음이라는 중차대한 일에 직면해서 슬기롭게 풀어나갈 자신이 없다. 이유야 간단하다. 경험해 보지 않아 죽음이 두렵기 때문이다. 그것을 환자 당사자에게 알렸을 때 올 후폭풍을 감당할 자신도 없다. 환자에게 생길 수 있는 많은 부정적인 반응을 대면할 자신이 없는 것이다. 그 사실을 환자에게 알리면 울고불고 야단일 터인데 그런 과격한 반응을 수용하기가 너무 힘들다. 또 환자가 본인이 곧 죽는다는 것을 아는 순간 기가 완전히 꺾여 투병도 하지 못하고 그대로 '심리적 죽음 상태'에 빠져 버리면 어떻게 하나 하는 생각도 든다.

이러한 상황은 충분히 이해된다. 그러나 여기에는 심각한 문제가 도사리고 있다. 가장 먼저 야기되는 문제는 이렇게 할 경우 환자의 알 권리가 무시된다는 것이다. 환자는 어떤 상황이든 자신이 어떤 질환에 걸렸는지 정확하게 알 권리가 있다. 그리고 가족들이 이렇게 환자를 속이면(?) 가족과 환자 사이의 신뢰 관계가 어그러질 수 있다. 인생을 정리하는 마당에 서로 믿지 못하면 좋을 것이 없다. 그뿐만이 아니다. 가장 중요한 문제는 환자가 자신의 종말이 다가온다는 것을 모르고 있으면 자신의 생을 정리할 수 없다는 사실이다.

이와 관련해 우리 주변에서 흔히 목격할 수 있는 환자의 유형은 다음과 같다. 말기 질환으로 판명이 났는데 환자에게 알리지 않아 본인은 자신이 곧 퇴원해서 정상적인 일상으로 돌아갈 것으로 굳게 믿는다. 그래서 자신의 죽음에 대해서 아무런 준비도 안 한다. 그러나 상태가 급격하게 나빠지면 그제야 자신에게 종말이 닥치고 있다는 것을 깨닫게 된다. 그럴 때 그 환자는 가족들이나 의료진에게 심한 배신감을 느끼며 죽어 갈 것이다. 폐쇄형은 이런 면에서 아주 좋지 않은 결과를 낳는다.

두 번째 유형은 의심형이다. 이 유형에서도 환자는 자신이 말기 질환에 걸렸다는 사실을 통보 받지 못한다. 시작은 폐쇄형인 셈이다. 그러나 이 유형에서는 환자가 자신이 중병에 걸렸다는 사실을 어느 정도 눈치 채게 된다. 그래서 가족이나 의료진들에게 알아보려 하지만 그들은 환자에게 사실을 알려주지 않기로 합의했기 때문에 환자는 알 방법이 없다. 이 경우도 폐쇄형의 경우와 똑같은 문제, 즉 환자의 알 권리가 무시된다는 것과 환자가 죽음 준비를 하지 못한다는 문제가 있다는 점은 다시 언급할 필요가 없겠다.

다음의 경우는 상호기만형이라 불리는 유형이다. 상호기만이니 서로 속인다는 말이다. 누가 누구를 어떻게 속인다는 것인가? 이 유형에서는 환자나 가족이 모두 말기 질환이 발생했다는 것을 알고 있다. 그러나 서로 모른 척 하면서 그냥 머지않아 치료될 것처럼 투병생활을 하든지 혹은 상대방은 이 사실을 모르고 자신(들)만이 알고 있다고 믿는다. 이렇게 서로 모르는 척 하다가 나중에 환자의 상태가 나빠지면 그제야 부산을 떨 터이니 이 경우도 폐쇄형처럼 나쁜 것은 말할 것도 없다.

 위의 경우는 모두 바람직하지 않은 것들만 말한 것이다. 그럼 어떻게 하면 좋을까? 이에 대한 답은 국립암센터의 연구에서 찾을 수 있다. 이 연구에 따르면 말기 질환이 발생했을 경우 거의 대부분의 환자가 그 사실을 알고 싶어 한다고 한다. 96%가 이렇게 대답했다고 하니 모든 환자라고 해도 과언이 아니다. 사정이 이러하니 우리는 이런 일이 발생하면 곧 환자에게 알려야 할 것이다. 또 내가 그 당사자라면 정확한 사실을 알려 달라고 확실하게 이야기해야 할 것이다. 물론 이럴 경우 처음에는 두렵고, 놀랍고, 자신이 없어 그 상황을 피하고 싶겠지만 이런 환자들 옆에는 아주 훈련이 잘 된 의료진이 있고 항상 힘이 되어 주는 가족들이 있다는 사실을 잊어서는 안 된다. 환자는 이런 주위의 도움으로 사태를 적극적으로 헤쳐 나아가서 남은 생애가 얼마가 되든지 생을 잘 정리하고 존엄하게 생을 마칠 수 있을 것이다.
 말기 질환 발생 사실을 환자에게 즉시 알려야 하는 또 다른 이유가 있다. 가족들이 이 사실을 숨겨 환자를 속인다면 그때는 편할는지 몰라도 나중에 환자가 타계한 다음에 후회할 수 있기 때문이다. 그런데 이 말기 질환 사실을 알리는 시점에 대해 가족과 환자의 의견이 조금 갈리는 모양이다. 위에서 본 국립암센터의 연구를 보면 가족들은 환자에게 이 사실을 조금 천천히 알리고 싶어 하는데 환자들은 진단이

나오면 그 즉시로 결과를 정확하게 알고 싶어 한다고 하기 때문이다. 사정이 이렇다면 우리는 당연히 환자의 요구를 따라야 할 것이다.

그런데 호스피스 현장 이야기를 들어 보면 조금 다른 의견도 있다. 호스피스 간호사들은 물론 말기 질환의 발생을 즉시 알리는 데에 원론적으로는 찬성하지만 조금 주저되는 바가 있다는 것이다. 이것은 한국인에게만 적용되는 것인지도 모르는데 환자에게 이 사실을 알리면 환자가 너무도 낙담한 나머지 풀이 죽어 제대로 투병을 하지 못한다는 것이다. 그래서 병의 진행 속도가 빨라져 사망에 이르는 시간이 당겨질 수도 있다는 것이다. 따라서 이렇게 낙담 속에서 최후를 마치느니 끝까지 사실을 숨겨 환자가 치유될 것이라는 희망 속에 있다가 죽음을 맞이하는 게 낫지 않겠느냐는 견해도 있다. 어차피 죽을 거라면 의욕적으로 살다 죽는 게 나을 수도 있다는 것이다. 이 의견도 충분히 일리가 있으니 상황에 따라 잘 판단을 내려야 할 것이다. 그러나 사정이 어찌 됐든 진실과 소통이 항상 정답이 아닐까?

07

의사는
말기 질환 사실을
어떻게 알려야 할까?

– 환자와 가족들 배려하기

앞에서 필자는 환자에게 말기 질환이라는 사실을 최대한 빨리 반드시 알려야 한다고 강조했다. 이것은 당연한 처사인데 그 다음 문제는 어떻게 알리느냐는 것이다. 이는 가족의 일이라기보다는 의사들의 몫이다. 이것은 매우 전문적인 일이기 때문에 가족들이 할 수 없을 뿐만 아니라 간호사들도 할 수 없다. 그런데 이 일은 의사에게는 많은 환자 중에 한 사람에게 하는 것이지만 당사자 자신에게는 본인의 생명이 걸린 문제라 극히 위중한 일이 아닐 수 없다. 따라서 의사는 이런 경우에 일반 환자를 대할 때와는 사뭇 다르게 신중한 태도를 취해야 할 것이다.

그런데 안타깝게도 한국에는 이러한 상황에서 의사들이 어떤 언행을 하고 어떤 태도를 취해야 하는지에 대해 제대로 밝힌 지침서가 없다. 그래서 미국의 사례를 인용할 수밖에 없는데 필자는 미국 의학계에서 내과 교과서로 불리는 『해리슨의 내과학 개론Harrison's Principles of Internal Medicine』(17판, 2008)을 주로 참고했다. 이 책의 11장("Palliative and End-of-Life Care")에는 바로 이 내용이 상세히 나와 있다. 이 장의 제목이 "완화 의료와 임종 돌봄"이라는 데에서 알 수 있듯이 이 장에서는 말기 질환 환자를 돌보는 방법을 상세하게 설명하고 있다. 미국에서는 내과 교과서에 이미 말기 환자들을 어떻게 대해야 되는지를 상세하게 설명하고 있는데 한국의 의학 교육에는 이런 것들이 거의 없다. 죽어 가는 환자들을 가장 많이 대하는 사람은 의사인데 이들에게 이에 관한 교육 체제나 지침이 없다는 것은 이해가 안 되는 일이다. 어쩌면 이것은 한국 의학계의 직무유기일지도 모른다.

그런데 이 책은 미국의 현실에 맞추어져 쓰인 책이라 한국 사회에 맞지 않는 면이 있다. 따라서 필자가 여기서 제시하는 것은 국내 의료계에 있는 전문가의 도움을 받아 책 내용을 한국 사회의 상황에 맞게 재구성한 것이다. 그런데 독자들에 따라서 이 일은 의사에게만 해당되는 일이니 환자나 가족은 몰라도 된다고 생각할지도 모르겠다. 그러나 이처럼 의사들이 할 일까지 알려주는 것은 나름대로 이유가 있다. 우선 환자나 가족이 의료진의 역할을 확실하게 알고 있으면 그들을 이해할 수 있어 좋다. 뿐만 아니라 당사자나 가족이 적절한 의료 지식을 갖고 있으면 의료진에게 필요한 것을 적극적으로 요구할 수도 있다.

의사가 환자에게 말기 질환에 걸렸다는 사실을 알릴 때 가장 먼저 유념해야 할 것은 환자나 가족은 의학에 대해 전문 지식이 없다는 사실이다. 그리고 이 소식은 매우 충격적이라 아주 조심스럽게 전해야 한다는 것도 잊어서는 안 된다. 따라서 의사는 먼저 환자나 가족들이 이와 같이 극히 심각한 소식을 들을 준비가 되어 있는지를 확인해야 한다. 이것은 대충 해서는 안 되는 일이고 매우 세심하게 살펴야 한다. 그리고 충분한 시간을 갖고 임해야지 불쑥 이런 이야기를 꺼내서는 안 될 것이다.

　현장에 있는 의사들로부터 전해 들은 바에 의하면 환자는 담당 의사로부터 치유가 불가능한 말기 질환에 걸렸다는 사실을 통보 받는 순간 머릿속이 '하얗게' 되어 그 다음부터 의사가 하는 말을 전혀 알아듣지 못한다고 한다(물론 처음부터 치유가 불가능하다고 말하지는 않을 테지만). 의사는 자신의 말이 그만큼 충격이 클 것이라는 것을 감안하고 환자의 입장을 이해할 수 있도록 노력해야 할 것이다.

　이럴 때에 의사가 할 수 있는 일은 충분한 시간을 두고 이야기해야 한다는 것이다. 따라서 만일 진료 시간 중에 이야기해야 한다면 이런 환자는 가장 마지막 시간에 배당해 시간에 제약받지 않고 충분하게 상담해 주는 것이 좋겠다. 좀 더 배려한다면 주말에 시간을 따로 내어 환자 가족들까지 초청해 병과 그 이후의 조치에 대해 충분하게 이야기해 주면 더 말할 나위 없이 좋을 것이다.

　이런 상황에서 의사는 할 일이 많다. 우선 환자를 가능한 한 자극하지 않고 어떻게 전달할까에 대해 고심해야 한다. 우리말에 '어 다르고 아 다르다.'라는 표현이 있듯이 의사는 자신이 쓰는 표현 하나까지 세심하게 신경을 써야 할 것이다. 그리고 가능한 한 조용한 곳을 택하여 환자와 가족들이 다른 요소에 자극 받지 않도록 노력해야 할 것이다.

　조금 과장된 이야기지만 의사가 아침에 환자들을 회진하다가 불쑥 말기 질환 환자에게 '(암 때문에 당신의 생명이) 6개월밖에 안 남은 거아시죠? 라는 식으로 말한다면 최악이라고 할 수 있다. 이렇게 센스 없는 의사는 없겠지만 이런 상황일수록 역지사지의 마음가짐이 필요하다는 것이다. 그래서 앞에서 의사와 관련된 제반 사실에 대해 환자나 가족들이 알아 두는 게 좋다고 한 것이다. 사려 깊은 의사는 이런 경우 환자가 이 기막힌 소식을 가능한 한 충격을 덜 받고 수용할 수 있게 주변적인 내용으로부터 시작해 천천히 강도를 높여 가면서 이야기할 것이다.

　이 같은 소식을 전할 때 의사는 환자나 그의 가족들이 이해할 수 없는 전문적인 의학 용어 쓰는 것을 삼가야 한다. 요즘은 상황이 많이 좋아졌지만 이전에는 의사들이 어려운 의학용어를 남발하는 경우가 많았다. 뿐만 아니라 '암'이나 '죽음' 같은 직설적이고 강한 용어는 가능한 한 누그러뜨려 완화된 용어를 골라 사용하되 내용은 확실하게 전달해야 한다는 점도 간과하지 말아야 한다.

　말기 질환에 걸렸다는 아주 나쁜 소식을 들었을 때 환자나 가족들은 보통 오열하는 등 매우 격렬한 반응을 보이는 경우가 많다. 이때에도 의사는 이런 상황이 충분히 있을 수 있다고 생각해 수용하는 자세를 가져야 할 것이다. 이것은 입장을 바꾸어 생각하면 이해하지 못할 바가 없지 않겠는가.

　이때 의사들이 해야 할 중요한 일이 또 있다. 환자와 그의 가족에게 끝까지 의료진이 함께 하면서 도울 것이라는 확신을 주는 것이다. 이런 심각한 상황에서 환자와 가족들은 심리적으로 의지할 데를 찾게 되는데 의료진은 자신들이 그 역할을 맡을 것이라고 확실하게 전해야 한다. 사실 이런 상황에서 환자나 가족들에게 유일한 희망은 의료진들이 환자와 끝까지 함께 한다는 사실밖에 없을 것이다. 어떤 치료법을 쓰든 아니면 치료를 거부하고 그냥 통증 제거에만 힘을 쓰다 임종을 맞이하든 간에 의료진은 환자와 가족들이 그들의 의지처가 될 수 있게 노력해야 한다.

이 상황에서 특히 환자나 가족들이 유의해야 할 것은 말기 질환에 동반되는 극심한 통증을 최소화하기 위해 의료진에게 적극적으로 진통제 처방을 요구하라는 것이다. 한국의 병원에서는 중독의 위험 때문이라고 하면서 진통제 처방을 아주 낮은 수준에서 하는 경우가 많다고 한다. 말기 질환 중에 일부 암의 경우 환자는 극심한 통증에 괴로움을 겪는 경우가 많다. 그런데 이런 고통은 감내할 필요가 없는 것이다. 이런 고통 속에서 임종을 존엄하게 맞이할 수 있는 사람은 없다.

그런데 이런 고통은 (마약성의 모르핀 같은) 진통제로 80~90%는 완화시킬 수 있다고 한다. 따라서 의사는 환자의 진통을 막는 데에 전심전력을 기울여야 할 것이고, 환자나 가족들 역시 소극적으로 의사들의 처방을 따르지 말고 적극적으로 의료진에게 진통제 처방을 요구해야 할 것이다. 암의 고통은 겪어 보지 않은 사람은 말을 하지 말라고 할 정도로 극심하다고 하니 이 점에 대해서는 더욱 더 유의해야 할 것이다.

08

의사는
말기 질환 환자를
어떻게 대해야 할까?

- 호스피스 권유하기

고칠 수 없는 말기 질환에 걸린다면 사람들은 어떤 심리 상태가 될까? 여러 경우가 있을 수 있겠지만 현장에 있는 의료진의 설명에 따르면 과거에 행한 자신의 행위에 대해 자책감을 갖는 환자들이 의외로 많다고 한다. '내가 젊었을 때 왜 술을 그렇게 많이 마셨을까?' 혹은 '그 나쁘다는 담배는 왜 그렇게 많이 폈을까?' 또 '그까짓 돈 좀 벌겠다고 무리만 안 했다면…' 등으로 자책하는 것이 그것이다. 환자들이 이런 생각을 하는 것은 당연한 것인데 이럴 때 의사는 환자가 이런 생각에서 벗어날 수 있도록 도와주어야 한다. 예를 들어 암이란 그렇게 한두 가지 과오로 생기는 것이 아니라는 식으로 조언해 줌으로써 환자가 쓸데없이 자책감에 빠지지 않도록 도울 수 있을 것이다. 그리고 지금 와서 과거를 후회하는 것은 암과 싸워 가는 데에 전혀 도움이 안 된다는 것을 역설해 환자가 과거에 연연하는 것을 막아야 한다.

 의사는 말기 질환 환자에게 남은 수명을 예측해서 말할 때 매우 주의해야 한다. 왜냐하면 사람마다 상황이 다를 수 있으니 일률적으로 말할 수 없기 때문이다. 의사가 말해 줄 수 있는 환자의 생존 기간은 평균치일 뿐 절대적인 것은 아니다. 그렇다고 환자에게 남은 수명을 말해 주지 않을 수도 없는 일이다. 왜냐하면 자신의 죽음을 적극적으로 준비하는 환자는 잔여 기간을 염두에 두고 임종 준비를 하고 싶어 할 것이기 때문이다. 이때 의사는 환자가 이 잔여 수명에 지나치게 집착하지 않도록 조치를 취해야 한다. 환자에게 단지 참고 사항 정도로만 받아들이도록 일러 주어야 한다.

다음은 호스피스(완화의료)에 관한 것이다. 의사는 환자의 상태가 기존의 치료법으로는 치유 불가능이라고 판단되면 호스피스를 권할 수 있다. 다시 말해 수술이나 항암 치료, 혹은 방사선 치료 같은 치료법이 무의미하다고 판단될 때 이런 치료법을 모두 중단하고 호스피스, 즉 완화 의료를 환자에게 권할 수 있다는 것이다. 완화 의료란 말 그대로 환자가 신체적이든 정신적이든 전체적으로 겪을 수 있는 고통이나 스트레스를 완화시켜 주는 의료 조치를 말한다.

많은 예에서 본 것처럼 한국인은 치료 가능성이 없는 말기 질환에 처해 있을 때에도 무작정 치료하는 쪽으로 방향을 잡는 경우가 많다. 그런 까닭으로 생각되는데 의사들이 이런 환자들에게 호스피스 병동으로 옮길 것을 권하면 환자들에 따라 '나보고 죽으러 가라는 것이냐.' 하면서 역정을 내는 경우가 적지 않다고 한다. 따라서 의사는 이런 현실을 감안하고 호스피스 치료를 권해야 할 것이다.

호스피스 병동에는 고도로 훈련받은 간호사들과 적절한 훈련을 받은 자원봉사자가 있다. 이들은 말기 질환 환자들이 남은 인생 동안 의미 있게 시간을 보내고 마지막 순간에 평안한 상태에서 임종할 수 있게 도와 주는 사람들이다. 이들은 환자들이 끝까지 인격적 존엄성을 잃지 않고 삶의 질을 유지할 수 있게 도와 주는 사람들이니 걱정하지 말고 마지막 남은 인생을 맡겨도 좋다. 의료진은 이러한 사실을 환자나 환자 가족에게 자세하게 안내해 주어야 한다.

이 목적을 위해 의료진은 환자에게 여러 가지 일을 하지만 적절하게 진통제를 써서 육체적인 고통을 덜어준다는 사실도 자세히 소개해 줄 필요가 있다(적절하기보다는 평소보다 훨씬 많은 양의 진통제를 쓰는 것이 맞다). 임종이 가까워 오고 병이 위중해지면 고통이 심해진다. 상황이 이렇게 되면 평생을 덕스럽게 산 사람도 평상심을 잃어버리고 화가 치밀어 올라 한평생 쌓았던 덕망이 허물어질 수 있다. 고통은 이렇게 무서운 것이다. 호스피스는 바로 이런 문제를 해결해 주는 긍정적인 기능을 한다는 점을 이야기하고 그것을 활용할 수 있도록 안내해 주어야한다. 따라서 환자 입장에서는 이런 상황에 처하게 된다면 의사의 권유를 기다릴 것도 없이 먼저 호스피스를 받겠다고 말하는 게 좋겠다. 떠밀려서 호스피스 병동으로 가지 말고 적극적으로 대처하자는 것이다. 그리고 호스피스 병동을 죽으러 가는 곳쯤으로 생각하는 소극적인 생각도 버리자. 호스피스 병동은 하나의 터미널이다. 무엇을 위한 터미널일까? 나는 호스피스 병동을 우리가 죽음 뒤의 새로운 삶을 시작하기 위해 잠시 머무는 터미널이라고 생각한다. 고속버스 터미널에서 버스를 타고 어떤 새로운 곳으로 떠나는 것과 마찬가지로 말이다.

의사는 환자가 어떤 경로로 호스피스를 시작했건 간에 호스피스 과정을 긍정적으로 받아들일 수 있도록 최선을 다해야 한다. 사람이 죽음 뒤의 새로운 삶을 제대로 시작하려면 이번 생의 끝이 좋아야 한다. 지금까지 살아온 삶을 잘 정리하고 기쁘고 선한 마음으로 임종을 맞이해야 한다. 그래서 마지막 숨이 다했을 때 마음이 지극히 편안해져 얼굴이 온화하게 되어서 가야 한다. 호스피스 간호사의 증언에 따르면 임종을 잘 준비하고 편안하게 죽은 사람은 흡사 보톡스 주사 맞은 것처럼 주름이 펴지고 얼굴이 편안하게 된다고 한다. 호스피스 간호사들은 바로 이런 일이 가능하게 도와준다. 그래서 말기 질환의 단계가 되면 호스피스 요법을 받는 것이 좋다고 하는 것이다.

　이것은 비단 환자 자신에게만 해당되는 것이 아니다. 호스피스 간호사는 환자뿐만 아니라 가족들까지도 돌보아 준다. 가족들은 환자와 곧 사별하게 된다는 생각으로 인해 여러 가지 감정적인 문제에 봉착해 있을 것이다. 가족들의 상태는 바로 환자에게 전달되니 호스피스 간호사는 이것을 신경 쓰지 않을 수 없다. 환자는 가족들로부터 좋은 영향을 받아야 하기 때문에 호스피스 간호사들은 가족들까지 돌보는 것이다. 이 호스피스 요법은 오늘날 다양하게 시행되고 있다. 호스피스만 전문으로 하는 별도 기관에서 받을 수도 있고 병원 내에서 활동하는 호스피스 간호사들에게도 받을 수 있다. 그런가 하면 가정을 방문해서 호스피스 요법을 시행하는 경우도 있다. 이것은 환자가 집에서 생활을 하면서 필요한 요법을 받는 것인데, 세계적으로는 이 방법이 가장 보편적으로 이용된다고 한다. 이 가운데 어떤 요법을 받을 것인가는 진료를 시작한 병원의 관계자들과 상의하면 되겠다.

　마지막으로 의료진이 감안해야 하는 것은 현대 사회의 가족 모습이 예전과는 많이 달라졌다는 점이다. 현대는 핵가족화가 빠르게 진행됐을 뿐만 아니라 1인 가족 역시 많아졌다. 따라서 말기 질환을 알릴 때 환자의 배우자나 환자 본인만 있는 경우도 적지 않게 발견된다. 예를 들어서 자식이 둘밖에 없는데 한 명은 미국에서 살고 있고 다른 한 명은 주재원으로 중동에 가 있다면 노부부밖에 안 남는 것이다. 그러면 치료 받을 때 필요한 모든 결정은 이 늙은 부부에게 일임될 수밖에 없다. 판단력이 약하거나 현대 의료에 익숙하지 않은 노인들이 이런 결정을 하는 것은 결코 쉬운 일이 아니다.

　심지어는 다른 가족은 하나도 없고 환자 본인만 있는 경우도 있을 수 있다. 영감은 먼저 죽고 홀로 남은 할머니의 경우가 그것이다. 요즘은 평균적으로 여자가 남자보다 7년을 더 사니 이런 경우는 얼마든지 있을 수 있다. 사정이 이럴 경우 의사는 섬세하고 유약한 노인의 감정을 해치지 않게 특별히 조심하면서 소식을 전달해야 할 것이다. 이런 독거노인들은 모든 것을 자신이 직접 처리해야 하니 그들로 하여금 스스로 준비할 수 있도록 더 세심하게 배려해야 한다. 이 경우 큰 결정은 의료진이 대신할 수도 있으니 그에 대한 대책도 있어야 할 것이다. 이렇게 보든 저렇게 보든 말기 질환 환자들을 다룰 때 의료진의 책임은 막중하다 하겠다.

09

말기 질환 환자는 어떤 정리가 필요할까?

– 임종하는 자세를 종교적 경지로!

이 주제는 죽음에 직면한 사람들에게는 워낙 중대한 것이라 여기저기서 많이 다루었다. 따라서 다른 부분과 겹칠 수 있는데 특히 앞 권(『죽음학 개론』)에서 본 죽음의 실존적 성찰과 겹칠 수 있다. 그 점을 감안하고 여기서는 복습하는 마음으로 항목별로 요약해서 볼까 한다.

우선 생각해야 할 것은 죽음을 맞이하는 우리(환자)는 죽음을 부정하지 말고 능동적으로 대면해야 할 인생의 한 과정으로 직시해야 한다는 점이다. 아울러 죽음이 절대로 끝이 아니라는 시각도 계속해서 견지할 필요가 있다. 우리 삶은 죽음으로 끝나는 것이 아니라 죽음을 거쳐 또 다른 삶으로 가고 다시 죽음으로 나아가는 식으로 계속해서 순환한다고 생각해도 무방하겠다. 죽음 뒤의 세상에 대해서는 다음 권(제3권)에서 자세하게 살펴볼 것이다.

앞에서 누누이 말한 대로 말기 질환 상태에 있는 사람에게 이 세상에서의 삶은 불과 몇 개월밖에 안 남아 있다. 이 시간이 짧다고 생각할 수 있지만 환자가 자신의 처지를 긍정적으로 받아들인다면 그 전에 건강한 상태로 살 때와는 비교도 안 되게 소중한 경험을 할 수 있다. 이 상황에서 시간이 길고 짧은 것은 전혀 고려의 대상이 되지 않는다. 이때 겪는 일들은 시간이 많이 주어진다고 해서 할 수 있는 것도 아니고, 시간이 짧다고 해서 할 수 없는 것도 아니다. 이런 경험은 우리가 죽음이라는 극한 상황에 처하게 됐을 때만 할 수 있기 때문에 남은 시간이 몇 개월이라 해도 그것은 그리 짧은 것이 아니다. 아니 이 정도의 기간이면 충분하다.

이때 체험의 강도가 더 강해진다면 그것은 거의 종교적 체험에 근접할 수 있다. 지금 말한 종교적 체험의 전형적인 모습은 다음과 같은 것이다. 한 사람이 종교적 체험을 하게 되면 주위가 아주 생생하게 부각되면서 모든 것이 살아 있는 것 같은 생동감을 느끼게 된다. 세상이 사랑으로 가득 차 있는 것을 느끼게 되고 주위의 모든 사람들이 사랑스럽게 보인다. 흡사 근(임)사체험을 한 사람들이 종교적인 인간으로 바뀌는 것과 유사하다. 그러면서 내가 왜 지금까지 이렇게 살지 못했나 하는 후회를 한다. 그러나 후회만 하기에는 이 체험이 너무 황홀해 그런 부정적인 생각에 깊이 빠질 겨를이 없다.

이 정도의 체험을 한다면 이런 사람은 아주 편안하게 임종을 맞이할 수 있다. 왜냐하면 죽음을 받아들일 준비가 충분히 되었기 때문이다. 이런 사람들은 대체로 사후의 삶에 대해 긍정적으로 생각한다. 그 반대로 사후생에 대한 믿음이 확실하게 있으면 이런 유형의 심리 상태에 도달할 수 있다. 그리고 이런 사람들은 가능만 하다면 임종하기 전날까지도 다른 사람을 위해 봉사하기 때문에 하루하루를 충일하게 산다. 그러다 보면 주위의 다른 말기 환자들에게도 영향을 미쳐 그들 역시 편안하게 죽음을 맞이할 수 있게 된다.

앞에서 죽음이란 우리가 마지막으로 성장할 수 있는 기회가 될 수 있다는 것을 보았다. 그런데 이때의 성장은 인생의 다른 시기에 일어나는 것과는 비교가 안 되게 큰 폭으로 이루어진다. 우리가 그때까지 지니고 있었던 기본적인 인식의 틀 자체가 바뀔 수 있기 때문이다. 그래서 거의 종교적 체험에 근접할 수 있다고 한 것이다.

이런 변화가 생기는 것은 인간이 가장 두려워하는 죽음을 목전에 두고 있기 때문이다. 절대로 피해 갈 수 없는 절체절명의 위기 상황에 직면해 있으니 내적인 곳에서 엄청난 변화가 일어나는 것이다. 사람은 인생의 큰 고비에서 성장하는 법인데 죽음보다 더 큰 고비가 어디 있겠는가? 그래서 지난 평범한 삶 속에서는 체험할 수 없었던 결정적인 체험을 할 수 있다는 것이다(그러나 이런 체험이 쉽게 오는 것이 아니다).

만일 죽음을 앞두고 이런 체험을 할 수 있다면 그 사람은 그야말로 큰 행운을 얻은 것이라 할 수 있다. 살아생전에는 거의 할 수 없는 체험을 했기 때문이다. 그래서 죽음이 대단한 기회라고 하는 것인데 이렇게 하려면 큰 용기와 솔직함이 필요하다. 죽음을 피하지 않고 대면해야 하니 용기가 필요한 것이고, 작은 부분에서도 자신을 속이면 안 되니 솔직함이 요구된다는 것이다. 이런 체험을 전혀 하지 못하고 100년을 사느니 이런 체험을 하고 6개월을 사는 게 낫다고 할 수 있을 정도로 이 체험은 대단한 것이다.

그런데 이런 종교적인 체험과 더불어 실질적인 데에도 신경을 써야 한다. 그중에 하나는 자신이 세상을 떠난 뒤에 가족들에게 피해가 가지 않게 주도면밀하게 준비하는 것이다. 그러나 만일 위에서 말한 종교적인 체험을 제대로 했다면 이런 일에 대해 걱정할 필요 없다. 종교적으로 성숙한 사람은 이런 문제에서 실수하지 않기 때문이다. 이러한 준비 중에 가장 대표적인 것은 앞 장에서 소개한 유언장 쓰기이다.

그러나 유언장을 썼다고 신변 정리를 다한 것은 아니다. 그것은 큰 일만 한 것이고 주위를 살펴보면 자질구레하게 신경 쓸 일들이 많다는 것을 알 수 있다. 특히 옷이나 모자, 신발, 장신구 등등 세세한 것들을 어떻게 처리할 것인가 하는 것은 큰 골칫거리이다. 이외에도 자신이 일상생활 속에서 쓰던 물품들이 얼마나 많은가? 필자 같은 연구자들은 죽음을 준비할 때 정리해야 하는 것 중 가장 큰 짐이 되는 것은 책이다. 도대체 이 책들을 어디다 어떻게 처리해야 할지 가늠이 잘 안 된다(요즘은 도서관에서도 안 받아 준다!). 사람들마다 이렇게 골치를 썩이는 물품이나 일들이 각기 다르게 있을 것이다. 따라서 자기 삶의 공간을 찬찬히 떠올려 보고 이런 것들을 미리 정리하는 것이 좋다. 기증을 하든 누구에게 주든 하나하나 없애 버려야 임종을 맞을 때 홀가분하게 떠날 수 있다. 그리고 남은 가족들에게 누를 끼치지 않을 수 있다. 이 일은 일찍 시작할수록 좋다. 도인은 자취를 남기지 않는다고 했는데 완벽하게는 불가능하겠지만 그래도 흉내라도 내는 게 좋지 않을까?

그다음에는 인간관계 정리하기이다. 70~80년을 살다 보면 많은 사람들을 만나게 되는데 이 사람들과 마무리가 제대로 안 된 것이 있으면 그것을 정리하자는 것이다. 특히 원한 관계가 있으면 그것을 풀고 가야 한다. 혹은 가족이지만 그동안 감정 싸움으로 멀리해 왔던 사람이 있다면 반드시 그를 만나 서로를 용서해야 한다. 당사자를 불러 용서를 구할 것이 있으면 구하고 화해할 것이 있으면 그렇게 하라는 것이다. 이것은 이번 생에 있었던 일은 이번 생으로 끝내고 다음(죽은 뒤)으로 가져가지 말라는 뜻이기도 하다.

사후생의 존재를 믿는 사람들에게는 이렇게 해야 되는 다른 이유가 있다. 마음속에 부정적인 기운이 맺혀 있으면 사후에도 그런 방향으로 풀려갈 수 있기 때문에 가능한 한 이번 생에서 풀고 가라는 것이다. 우리는 이 생애 동안 쌓은 부정적인 기운을 언젠가는 풀어야 한다. 이 작업을 다음 생애까지 미루지 말고 지금 해결하는 것이 본인에게 가장 바람직하다는 것이다. 그런데 만일 원한 관계를 맺었던 당사자를 만날 수 없으면 어떻게 할까? 그때는 차선책으로 자기 혼자라도 그 부정적인 마음을 푸는 수밖에 없다.

10

말기 질환 환자는 무엇을 알아 두면 좋을까?

– 종교에 대해 다시 생각하기

앞 장에서 본 것처럼 임종을 앞두고 세속적인 것을 정리하는 것은 매우 중요한 일이다. 그래서 유언장을 쓰는 것인데 일단 유언장을 썼으면 세속적인 일은 잊어야 한다. 그 마지막 몇 개월 동안 다시금 세속적인 문제를 가지고 골치를 썩이는 것은 정말로 어리석은 짓이다. 따라서 자식들 걱정 그만 하고 사회가 돌아가는 일에 대해서도 관심을 끊는 것이 좋다. 왜냐하면 지금은 개인의 영적인 문제 같은 종교적인 데에만 관심을 가질 시기이기 때문이다.

그래서 우리는 이 단계에서 일생 동안 별로 생각해 보지 않았던 종교적인 주제를 본격적으로 공부하는 것이 좋겠다. 우선 많은 사람들이 종교를 갖고 있을 터이니 자신이 믿는 종교에서 가르치는 것을 찬찬히 다시 보는 일을 시작해 보면 어떨까 하는 생각이다. 사실 많은 사람들이 절에도 가고 교회에도 가지만 그중에 몇 명이나 자기 종교가 가르치는 핵심적인 주제에 대해 진지하게 생각해 보았을까? 예를 들어 '하느님/예수님은 어떤 분인지' 혹은 '나의 진짜 면목(眞如自性)은 무엇인지' 등과 같은 질문을 얼마나 진지하게 생각해 보았겠느냐는 것이다.

물론 평소에 다양한 형태로 공부하거나 교육을 받았을 수도 있지만, 그때 생각하는 것과 죽음의 목전에 서서 생각하는 것은 완전히 다를 수 있다. 임종에 임박했을 때에는 이런 종교적인 문제를 그저 한번 생각해 보는 정도가 아니라 철저하게 궁구하게 된다. 이때 관심을 두는 종교적인 질문 가운데 가장 시급한 것은 아마도 사후생의 유무에 관한 것일 것이다. 여기까지 왔으면 이 방면으로 관심을 갖는 것이 바람직하다. 사후생은 임종을 앞둔 상황에서 초미의 관심사일 수 있다. 내가 몇 개월 이후에 죽음을 맞이할 터인데 그 뒤에도 내가 존재하는지 존재하지 않는지는 깊이 생각해 보아야 할 주제가 아닐까.

따라서 만일 사후생의 존재 여부에 관심이 가면 그 주제에 대해 공부를 시작하자. 시작은 자신이 믿는 종교에서 사후생을 어떻게 가르치고 있는가부터 알아보면 되겠다. 대부분의 종교는 직접적이든 간접적이든 사후 세계에 대해 청사진을 제시하고 있다. 그것을 바탕으로 사후생을 알아보는데, 문제는 각 종교의 저승관이 오랫동안 내려오면서 그 종교의 교리 때문에 왜곡되어 있다는 점이다. 따라서 자기 종교가 전하는 저승관을 참고하되 사후생에 대해 객관적으로 쓴 책들을 참고하는 게 좋겠다.

요즘에는 사후생에 대한 책들이 많이 나와있어 잘 골라서 읽어야 한다. 그런데 영계에 대해 본격적으로 쓴 책(졸저 『죽음의 미래』 등)은 초보자에게 부담이 될 수 있다. 따라서 이럴 때에는 근사체험(near-death experience)을 다룬 책부터 보면 좋다. 예를 들어 레이몬드 A. 무디 2세(Raymond A. Moody Jr)의 책 『다시 산다는 것』이나 엘리자베스 퀴블러 로스의 책 『사후생』 등을 우선 읽어 보면 사후생이 존재한다는 것을 확실하게 알 수 있다. 퀴블러 로스는 서양 의학 체계에 따라 철저하게 훈련받은 사람으로, 죽음 뒤에 우리가 존재하는 것은 믿음의 문제가 아니라 앎의 문제라 하면서 사후생의 존재를 확고하게 인정한다.

이런 식으로 사후생에 대한 견식을 쌓아나가면 좋은데 이것은 종교 공부와 직결이 된다. 우리는 이 공부를 통해 종교에서 진정으로 가르치는 것이 무엇인지를 알게 될 것이다. 종교가 가르치는 것은 죽음뿐만이 아니라 삶을 어떻게 살아야 하는 가에 대한 것도 포함한다. 따라서 우리는 죽음을 통해서 종교를 다시 배우고 인생의 의의를 각성하게 된다. 이 때문에 죽음과 삶이 둘이 아니라는 것이다.

죽음을 알아야 삶을 알고, 삶을 알아야 죽음을 알 수 있다. 따라서 죽음과 삶 중에 하나만 알아서는 안 된다. 아니 하나만 알 수도 없다. 반드시 어느 하나를 전제로 해야 다른 하나를 알 수 있기 때문이다. 이런 일이 극적으로 가능해지는 순간이 죽음에 임박해 있을 때이다. 뛰어난 사람들은 평상시에도 이런 지혜나 감각을 가질 수 있지만 대부분의 사람들은 일상생활을 하면서 죽음을 심각하게 생각하지 않기 때문에 이 같은 앎을 얻기가 쉽지 않다. 그러나 죽음에 직면하면 이런 지혜를 터득하는 일이 상대적으로 쉽게 되니 이때를 놓치지 말라는 것이다.

이렇게 공부하다 보면 그동안 가졌던 애욕이나 집착심이 얼마나 나쁜 것인지를 알게 된다. 살아생전에 아무것도 아닌 것에 가졌던 욕심들이 얼마나 하찮은 것인가를 깨닫게 된다는 것이다. 그런데 임종을 바로 앞두면 이 애욕이 더더욱 치명적이라는 것을 알게 된다. 왜냐하면 끝까지 이런 감정에 매달리면 마지막 순간에 아주 힘들어지기 때문이다. 삶에 대해 너무 강한 집착을 갖고 있으면 혼이 빠져나갈 때 큰 고생을 하게 된다. 마음을 비우고 모든 것을 방념(放念)하는 훈련을 제대로 해야 혼이 몸을 빠져나갈 때 고생하지 않는다.

애욕을 넘어서는 좋은 방법으로는 적극적으로 타인을 위해 봉사하는 일을 생각해 볼 수 있다. 자신이 죽어 가고 있는데 다른 사람을 위해 무슨 일을 할 수 있겠느냐고 반문하는 사람이 있을 수 있겠지만 봉사 행위는 내 삶을 정리하는 데에 큰 도움을 준다. 봉사라고는 하지만 어려운 봉사를 하라는 것이 아니다. 자기가 할 수 있는 만큼만 하면 된다. 그럴 만한 일이 있을까 하고 의아스러운 생각이 나겠지만 찾아보면 반드시 있다. 한 번만이라도 이런 일을 찾아보면 그런 도움의 손길을 바라는 사람들이 의외로 많다는 것도 알게 된다.

이런 시도가 성공한다면 다른 자질구레한 일들은 자동적으로 풀린다. 예를 들어 누누이 말했지만 공연히 연명 치료에 매달려 모두가 괴로워지는 그런 일을 하지 않을 테고, 주위 사람들에게 무리한 요구를 해서 그들을 곤란하게 하지도 않을 것이다. 사람은 임종이 임박해서 심신이 아주 고통스러워지면 가족이나 의료진에게 과도한 요구를 하기 쉽다. 예를 들어 어떤 귀한 어떤 음식이 먹고 싶다느니 혹은 치료를 어떤 식으로 해 달라느니 하면서 들어 줄 수 없는 요구를 하는 경우가 있는데, 이런 일을 하지 말자는 것이다. 그러나 결정적인 순간에 이런 일을 자제할 수 있으려면 앞에서 본 것처럼 많은 공부가 필요하다.

  이렇게 노력하다가 정말로 마지막이 되면 정신을 통일하는 데에 모든 힘을 다 기울여야 할 것이다. 이는 정신이 집중되면 마음이 극도로 안정되기 때문에 그 상태로 몸을 떠나자는 것이다. 그래야 그 다음이 좋다(죽은 다음이 좋다는 것이다). 그런데 어떻게 정신 집중을 하면 좋을까? 그냥 집중한다고 해서 되는 게 아니다. 일정한 방편이 필요하다. 이 방편으로는 염불처럼 일정한 문구를 계속해서 외우는 것이 좋다. 기도하는 것도 나쁘지 않지만 이런 상황에서 말을 생각하는 일은 힘들다. 그보다는 간단한 문구를 선정해 그것을 계속해서 외우면서 임종을 맞으면 훌륭한 마무리를 할 수 있을 것이다. 물론 이것 또한 평소에 신실한 종교적 수련을 한 사람이라야 가능한 일이지, 종교적인 훈련이 전혀 되지 않은 사람이 임종 시에 갑자기 할 수 있는 일이 아니다. 그래서 옛말에 '40 줄 넘어가면 죽음을 챙겨라' 라는 말이 있는 것이다.

11

가족은 말기 질환 환자에게 무엇을 해 줄 수 있을까?

– 임종자 마음이 편할 수 있게 최선을 다해야

죽음을 목전에 둔 임종자에게 가장 중요한 사람은 아마도 가족일 것이다. 마지막에 믿고 의지할 수 있는 사람은 가족밖에 없기 때문이다. 따라서 이 시기에 가족이 하는 일의 중요성은 아무리 강조해도 지나치지 않을 것이다. 임종자가 좋은 마무리를 할 수 있느냐 없느냐는 전적으로 가족에게 달려 있다고 해도 과언이 아니다. 그만큼 조심해야 할 것도 많다. 이번에는 가족이 임종자를 위해 해야 할 일과 피해야 할 일을 보기로 하자.

집안에 곧 임종할 사람이 생기면 당사자에 관한 사안들을 놓고 가족들 간에 의견 충돌이 있을 수 있다. 예를 들어 사후에 화장을 할 것인지 매장을 할 것인지 등의 장법 선정에서 자식들 간에 이견이 생길 수 있다. 특히 자식들의 종교가 다르면 이런 문제가 더 불거질 수 있다. 이 외에도 돈 문제 가지고도 얼마든지 갈등이 있을 수 있는데, 어떤 경우가 되든 가족들은 당사자가 존엄하고 좋은 죽음을 맞이할 수 있게 의견을 통일해야 할 것이다. 잡음이 없도록 해서 당사자가 신경을 쓰지 않게 하라는 것이다.

죽음을 목전에 둔 사람이 두 가지 큰 고통(육체적/심리적)을 겪는다는 것은 많이 언급되는 사실이다. 그중에 육체적인 고통은 의료진이 최대한 해결해 줄 수 있는 반면, 심적인 고통의 해결은 주로 가족들의 몫이다. 심적인 고통 중에 가장 큰 것은 고독이다. 본인은 죽으면 어디로 어떻게 가는지 모르는데 그 길을 혼자 가려니 마음이 보통 심란한 게 아니다. 이 불안감은 가족들이 풀어 주어야 한다.

가장 좋은 해결책은 당사자에게 우리가 끝까지 당신과 같이 있을 것이라는 믿음을 심어 주는 것이다. 뿐만 아니라 당사자가 임종을 한 뒤에도 종교 의례 같은 것을 통해 계속해서 그를 기억할 것이라는 확신을 심어 주어야 한다. 임종을 앞둔 사람들은 마음이 아주 약해져 있기 마련이다. 몸이 이미 노쇠할 대로 노쇠한 때문인데 이럴 때 그들에게 가장 위로가 되는 것은 아주 단순한 데에 있다. 가능한 한 같이 있어 주는 것이다. 옆에 있으면서 그의 손을 잡든지 몸을 쓰다듬든지 하면서 계속해서 이야기를 나누는 것 이상으로 좋은 것이 없다.

이때 당사자 옆에서 해야 하는 이야기와 하지 말아야 할 이야기를 구분할 필요가 있다. 우선 당연히 듣기에 나쁜 소리를 하지 말아야 하는데 다른 사람을 헐뜯거나 단점을 이야기하는 것은 특히 삼가야 한다. 또 간사하거나 음탕한 말도 삼가야 한다. 아울러 자식이나 친족들에 대해 걱정하고 연연해하는 말도 해서는 안 된다. 이런 것들은 임종 당사자의 마음을 아주 불편하게 만들고 집착하게 만들기 때문이다. 이런 안 좋은 이야기를 하다 보면 당사자에게까지 비난의 화살이 날아갈 수 있다. 그런가 하면 본인 스스로가 자신에 대해 죄의식이나 열등감, 수치심 같은 부정적인 감정을 가질 수 있다. 오랜 세월을 살면서 가졌던 원한이나 후회, 원망 등과 같은 부정적인 감정이

사진 후에 남겨진 것들 Kirschbluten - Hanami, Cherry Blossoms - Hanami 감독_ Doris Dorrie (2008)

우리 삶은
죽음으로 끝나는 것이 아니라
죽음을 거쳐
또 다른 삶으로 가고
다시 죽음으로 나아가는 식으로
계속해서 순환한다.

임종을 앞두고 마음속 깊은 곳으로부터 치고 올라올 수도 있다. 이때 우리는 당사자가 가능한 한 긍정적인 생각을 갖도록 노력해야 할 것이다. 그 방법은 사람마다 다를 수 있을 터이니 여기서 일률적으로 말하지 않기로 한다. 아무튼 세속적인 일에 대해서는 꼭 필요한 것을 제외하고 언급을 하지 않는 것이 좋겠다.

이상이 해서는 안 되는 부정적인 것이라면 장려해야 할 일도 있다. 예를 들면, 당사자와 일생을 같이 살아오면서 즐거웠던 일들을 이야기하는 것이 그것이다. 그리고 당사자에게 당신이 이 세상을 떠난 뒤에도 그 좋았던 기억을 언제까지나 잊지 않을 것이라고 밝히는 것도 좋다. 그러면 당사자는 자신이 이 세상을 떠난 뒤에도 계속해서 기억된다는 것을 알고 자신이 의미 있는 존재가 되었다는 데에 안도감과 흐뭇함을 느낄 것이다. 이러한 마음가짐은 당사자의 최후를 아름답게 만든다.

위와 같은 맥락에서 임종 당사자의 마음을 편안하게 해 주기 위해 그가 지난 일생 동안 했던 일 가운데 기릴 만한 것들을 골라 계속해서 칭송해 주는 것도 좋다. 예를 들어 그가 선행한 일이 있다면 그 일에 많은 사람들이 기뻐했고, 감사해했다고 반복적으로 이야기해주는 것이다. 이와 같이 당신이 우리(가족) 곁에 있음으로 해서 가족들이 얼마나 즐거웠는지 혹은 얼마나 많은 은혜를 입었는지를 알려 그의 삶이 소중했다는 것을 알게 해 주는 것이 중요하다.

비슷한 방법으로 그의 성격 가운데 긍정적인 면을 부각시켜 그가 좋은 사람이었다는 것을 지속적으로 각인시키는 것도 좋다. 가족들의 이런 노력을 통해 임종자 본인은 자신의 삶 속에서 의미 있는 일들을 생각해 낼 것이고, 그것을 통해 자신이 결코 헛된 삶을 살지 않았다는 것을 느끼게 될 것이다. 이처럼 자신에 대해 긍정적인 이미지를 갖게 되면 그는 마음이 충일해지면서 얼마 남지 않은 생이라도 하루하루를 매우 적극적인 태도로 임할 수 있게 될 것이다.

그러는 가운데 그는 뜻하지 않게 살아오는 동안 한 번도 깨닫지 못한 오묘한 삶의 진리를 깨칠 수도 있다. 앞에서도 언급했지만 이것은 삶의 종말이라는 결정적인 상황이 아니면 깨닫기 힘든 것들이다. 이런 파국 상황이 아니면 알 수 없는 그런 진리들을 알게 되는 것이다. 비근한 예를 들어 보면, 중병에 걸려 죽음 문턱에까지 갔다가 살아난 사람은 다른 사람이나 삶 자체를 바라보는 태도가 달라진다. 강한 체험을 했기 때문이다. 이런 사람들은 성격이 훨씬 너그럽게 바뀌고 특출한 지혜를 갖게 될 수도 있다. 임종 직전에도 이런 일이 충분히 생길 수 있으니 쉽게 삶을 포기하거나 수동적으로 체념하지 않아야 한다. 아니 임종 직전이야말로 이런 일이 생길 확률이 높다. 다만 끝까지 배우고 가겠다는 적극적인 태도를 가질 때에만 이런 일이 가능하다는 것을 알아야 한다. 실제로 이런 일을 체험한 사람은 생의 마지막 날까지 하루하루를 주위에 있는 다른 사람들을 위해 봉사하면서 그들의 삶이 바뀌게 도와줄 것이다. 불교에는 보살이라는 개념이 있는데 바로 이런 사람들에게 딱 맞는 단어라 할 것이다.

12

가족은
임종 직전 환자에게
어떤 태도를
가져야 할까?

– 마지막에 울부짖지 말고 조용하게 보내드리기

이번 항목에서 중점적으로 보려고 하는 것은 임종자의 마지막 순간에 가족들이 가져야 할 태도에 대한 것이다. 너무도 중요한 이 순간에 많은 사람들이 잘못하는 일이 있어 그것을 보려 한다. 그리고 그것을 어떻게 시정하면 좋을지도 생각해 볼 것이다. 그런데 이 이야기를 본격적으로 하기 전에 바로 전 항목에서 한 이야기에 이어서 임종 당사자를 편안하게 만들어 주기 위해 가족들이 해야 할 일을 조금 더 살펴보고자 한다.

만일 임종 당사자가 종교 생활을 해 온 사람이라면 그 종교의 성전(聖典)에서 그가 좋아했던 구절을 읽어 준다. 또 같이 기도해 주는 것도 좋겠다. 불교 신자라면 당사자가 정신을 집중할 수 있게 도와주는 것도 좋고 같이 염불하는 것도 좋겠다. 임종 침상에서 웬만한 사람은 심신이 매우 약해져 있기 때문에 어떤 일을 적극적으로 하기는 힘들다. 따라서 경전을 읽어 주고 같이 기도하는 일이 가장 무난할 것 같다.

만일 당사자가 신앙하는 종교가 없다면 그가 평소에 좋아했던 책에서 좋은 부분을 발췌해 읽어 줄 수도 있다. 이와 함께 그가 좋아했던 음악을 틀어 주는 것도 좋다. 다른 곳에서 밝혔지만 인간의 청각은 우리가 갖고 있는 오감 가운데 유일하게 끝까지 남아 있다. 아무리 식물인간 상태가 되어도 들을 수는 있다는 것이 의학계의 정설이다. 당사자가 표현은 못하지만 그는 주위에서 말하는 것을 다 듣고 있는 것이다.

그 때문에 퀴블러 로스는 임종자가 어떤 상태에 있든 계속해서 어루만져 주면서 '사랑합니다, 미안합니다.' 라는 말을 하라고 주장한다. 비록 의식불명 상태가 되었다 하더라도 당사자는 다 듣고 있으니 이런 언행을 멈추지 말라는 것이다. 이는 당시자가 가족들의 이런 행동에서 큰 위안을 받기 때문이다. 퀴블러 로스는 또 의식불명의 임종자 앞에서 그가 못 들을 거라 생각하고 그를 헐뜯거나 자극하는 말을 하지 말라고 전했다. 아울러 지나가는 말이라도 임종자를 자극하는 말은 삼가라고 충고했다. 심지어 환자를 마취한 상태에서 수술을 할 때도 의사들은 환자를 비웃거나 험담하는 언사는 해서는 안 된다. 왜냐하면 모든 환자들이 항상 다 듣는 것은 아니지만 환자 가운데에는 마취 상태에서도 주변의 대화를 듣는 경우가 종종 있기 때문이다.

그다음으로 살펴야 할 것 중 하나는 환자의 몸이 깨끗이 유지될 수 있도록 지속적으로 보살피는 일이다. 이것은 굳이 지적하지 않아도 되는 일이지만 임종이 가까워오면 신체에 여러 가지 변화가 생기니 그럴 때마다 임종자의 몸이 청결하도록 각별히 주의하라는 것이다.

이제 정말로 임종의 순간이 다가왔다. 당사자가 숨을 몰아쉰다. 그러다 호흡을 모은다. 마지막 순간이 온 것이다. 이럴 때 보통의 우

사랑 후에 남겨진 것들 Kirschbluten - Hanami, Cherry Blossoms - Hanami 감독_ Doris Dorrie(2008)

우리는 죽음을 통해서
종교를 다시 배우고 인생의 의의를 각성하게 된다.
이 때문에 죽음과 삶이 둘이 아니다.

리는 어떻게 하는가? 부모님이 유명을 달리 하니 경황이 없다. 병원 같으면 의료진을 불러 응급처치를 해 달라고 조른다. 이럴 때 심폐소생술을 하는 경우가 있는데 다 부질없는 짓이다. 다시 살려 봐야 잠깐이다. 몇십 분 뒤에 임종하기 때문이다. 이런 짓을 하면 안 된다는 것은 누차 밝혔다.

이럴 때 많은 경우 가족들은 혼절하거나 크게 울면서 소리를 마구 지르기도 한다. 임종을 처음 겪는 사람일수록 그 반응이 더 심하다. 사람들이 이렇게 하는 것은 충분히 이해할 수 있다. 죽음을 실제로 목격하면, 그것도 부모의 죽음을 면전에서 접하면 황망해 울부짖는 게 당연할지 모른다. 그런데 선지자들은 이런 짓을 하지 말라고 주문한다. 이유는 간단하다. 가족들이 울부짖으면서 소란스럽게 굴면 임종하는 사람이 정신이 없어서 편안하게 몸을 떠날 수 없기 때문이다. 이것은 영혼이 있다는 것을 상정하고 하는 이야기인데, 굳이 영혼을 상정하지 않더라도 마지막 순간에 소란을 떠는 일은 당사자에게 좋을 것이 없지 않겠는가.

여기에 대해 원불교를 개창한 소태산 박중빈은 매우 사려 깊은 해결책을 제시한다. 원불교는 죽음교육 체계가 나름대로 잘 잡혀 있다. 원불교의 교전을 보면 임종자가 해야 할 일과 그의 가족들이 해야 할 일을 아주 소상하게 밝혀 놓았다. 지금 보려는 것은 소태산이 제시한 것으로, 그는 임종자가 마지막 순간에 몸을 떠나려고 호흡을 모을 때 절대로 당사자의 몸을 잡고 흔들거나 이름을 불러대면서 울부짖지 말라고 강조한다. 방금 전에 밝힌 대로이다. 소태산은 더 나아가서 슬픔이 북받쳐 정 참지 못하겠다면 임종자의 영혼이 몸을 떠나고 몇 시간이 지난 다음에 울라고 간곡하게 타이른다. 이렇게 해야 하는 이유를 소태산이 명확하게 밝히지는 않았지만 고인의 혼이 몸을 떠나 영계로 가는 길에 완전히 들어서면 울어도 좋다는 것으로 해석된다.

그런데 이 이야기는 앞에서 언급한 근사체험 연구의 권위자인 레이몬드 무디의 책에도 나온다. 그 전말을 간추려서 보면, 어떤 할머니가 죽었다 다시 살아났다. 그 뒤 그는 얼마간 더 살다가 다시 죽음을 맞이했다. 죽음을 다시 목전에 둔 이 할머니는 자식들에게 이렇게 말했다. "이번엔 기도를 하지 마라. 지난 번에 몸을 떠나려는데 너희들이 기도를 해 몸을 나가기가 힘들었다. 그러니 이번에는 기도하지 말고 조용히 있어라." 이 할머니는 왜 이런 이야기를 했을까? 추정컨대 자식들의 기도에서 나오는 염력(psychic power)이 할머니의 영이 가는 길을 붙잡은 모양이다(영도 에너지고 사념도 에너지니 이것이 가능할 수도 있겠다). 조용하게 하는 기도의 파워가 이 정도라면 엉엉 운다거나 아버지 이름을 부르고 '가지 말라'고 소리 지르는 것은 얼마나 영혼을 혼란스럽게 하겠는가?

그러면 이럴 때 우리는 어떻게 해야 하는가? 만일 아버지의 임종을 맞는 것이라면 아버지에게 '아버지, 저희 걱정은 하지 마세요. 아버지 앞에 아주 환한 빛이 보이시죠? 그 빛을 따라가세요. 저희도 나중에 아버지를 따라갈 겁니다. 그러니 편안히 가세요. 우리는 다시

만날 겁니다.' 라고 하는 정도가 좋겠다. 이 구절에서 가감이 있을 수 있겠지만 대체로 이런 내용이면 된다. 임종 때 나타나는 흰빛에 대해서는 그동안 많은 목격담이 있었다. 특히 죽음을 앞둔 사람들은 매우 환한 빛을 목격하는데 사람들은 이 빛을 따라서 영계로 들어간다고 한다. 그러니까 영계로의 안내자 같은 역할을 하는 셈이다.

이런 시각에서 볼 때 우리나라 장례식 때 곡을 지나치게 하는 관습은 그다지 바람직하지 못하다는 것을 알 수 있다. 물론 요즘에는 그 정도가 덜해졌지만 아직도 곡하는 모습은 쉽게 목격할 수 있다. 과거 유교에서는 부모상을 당했을 때 자식들이 곡을 제대로 하지 않으면 불효로 간주해 이웃으로부터 많은 비난을 받았다. 그래서 심지어 곡을 잘하는 사람을 사서 곡을 시키기도 했다. '상가에서 밤새 울고 아침에 누가 죽었냐고 묻더라.' 고 하는 속담은 이런 상황과도 관련이 있을 것이다. 이처럼 한국 사회에는 장례식 때 지나치게 우는 것이 관습화되어 있는데 이것을 피하자는 이야기가 이 장의 골자이다.

III

사별의 슬픔을
어떻게 극복해야 할까?

13

임종 직전 혼미해진 환자, 어떻게 해야 할까?

– 심신 기능의 저하와 타계한 친지와의 만남

임종이 임박해 오면 평소와는 다른 여러 현상이 생긴다. 육체적인 것은 물론이고 정신적으로도 이전에 겪어 보지 못한 현상들이 생기기 시작한다. 우리는 이런 현상에 대해서도 알아 둘 필요가 있다. 이 현상들은 평소에 목도하지 않는 것이기 때문에 사전에 이에 대해 알고 있지 않으면 당황할 수 있다.

우선 주의해야 할 것은 이 현상들이 다음에 제시하는 순서대로 나타나는 것은 아니라는 점이다. 그리고 모든 사람이 이런 현상을 겪는 것도 아니다. 사람에 따라 얼마든지 다를 수 있다. 그러나 대체로 임종의 시간에 임박하면 우리 몸은 이러한 증상을 보이며 생을 마무리하려 한다. 따라서 당사자에게서 다음과 같은 증상들이 발견된다면 임종이 임박한 것임을 알고 마음의 준비를 하는 것은 물론 장례 문제 등 물리적인 준비에 들어가야 할 것이다.

우선 첫 번째 현상으로 임종자가 음식이나 음료를 섭취하는 양이 현저하게 떨어진다. 임종을 앞둔 사람은 먹고 마시는 것을 그리 달가워하지 않는다. 이것은 당연한 일 아니겠는가? 하루 종일 침대에 누워 있고 정신도 오락가락하니 거의 에너지 쓸 일이 없다.

이때에 환자가 음식을 먹지 않는 것은 아주 자연스러운 일이니 걱정할 필요가 없다. 그러다 임종이 더 가까워지면 환자 본인이 알아서 음식이나 음료를 거부하게 된다. 이때에도 자연스럽게 환자의 욕구대로 따라가면 된다. 따라서 걱정하느라 공연히 환자에게 음식을 먹이려고 노력할 필요가 없다. 음식을 먹이겠다고 무리하면 당사자에게 큰 부담이 될 수 있기 때문이다. 이렇게 음식이나 음료를 섭취하지 않으면 탈수 현상이 일어날 수도 있는데 그럴 때에는 젖은 거즈로 입안에 수분을 공급하고 입술에도 습기를 유지해 주면 환자가 더 편안해 할 것이다.

이 시기에는 환자가 잠을 많이 자는데 이것 역시 정상적인 상태이니 걱정할 필요 없다. 따라서 너무 많이 잔다고 공연히 깨우지 말아야 한다. 오히려 환자가 안정할 수 있도록 옆에서 큰 소리로 떠들거나 부산스럽게 왔다 갔다 하는 일을 하지 말아야 할 것이다.

또 여러 사람이 있는 것도 좋을 것이 없다. 이때는 한두 명의 가까운 사람이 환자를 계속해서 지켜 주는 것이 좋다. 그 상태에서 앞에서 말한 것처럼 좋은 음악을 들려준다거나 환자가 좋아하던 책을 읽어 주면서 환자의 마음을 녹여 주어야 한다. 다만 좋은 음악을 들려주는 것은 대단히 좋은 일이지만 한 시간마다 10분 정도 쉬는 것이 좋다.

죽음이 임박해 오면 환자는 불안해 하거나 자기가 어디에 있는지 헷갈려 하는 경우가 많다. 그리고 가족들을 몰라보는 일도 비일비재하다(가족을 몰라보는 것은 이보다 훨씬 이전부터 생길 수 있다!). 이때 사람들은 자기 의도와는 다르게 실수를 종종 한다. 환자는 인지력이 떨어지면

죽음 공부는
막중한 것이라 제대로 하지 않으면,
혹은 오랜 기간 정성 들여 하지 않으면
절실하지 않게 된다.

사람을 몰라보게 되는데 이럴 때 환자에게 문병 온 사람들은 항상 '제가 누군지 아세요?' 하고 묻는다. 그것도 채근하는 것처럼 물어서 빨리 답을 요구하면서 몇 번이고 물어본다.

그런데 이런 짓은 환자에게 큰 스트레스를 준다. 왜냐하면 묻는 사람은 한 번 묻는 것이지만 환자는 그런 질문을 가족이나 친척들이 올 때마다 받을 터이니 짜증날 것이 틀림없기 때문이다. 이런 상태에 처한 환자를 면회 갔을 때에는 '저는 누구입니다. 많이 힘드시죠?' 라고 하면서 자신이 누구인지 먼저 알려주는 것이 좋다.

환자가 죽음의 순간에 더 근접하게 되면 한참 전에 세상을 떠난 자신의 부모나 친지를 만났다고 하는 경우가 있다. 물론 이때 그의 부모 등은 영혼의 형태로 오는 것이다. 그래서 다른 가족들 눈에는 아무것도 보이지 않는데 환자는 허공에 대고 누군가와 대화를 한다. 이럴 때 환자에게 '공연히 헛소리 마세요. 도대체 누가 있다고 이러세요?' 하면서 면박을 주어서는 안 된다. 왜냐하면 이것은 그 단계에 놓인 사람에게는 정상적인 현상이기 때문이다. 환자는 이제 이승보다는 저승에 가까운 사람이 되었다. 따라서 영계에 있는 사람이 보일 수도 있는 것이다. 이런 사례는 동서고금을 막론하고 많이 보고되고 있다. 퀴블러 로스도 자신이 돌본 환자들의 사례를 통해 사람이 임종을 할 때에는 먼저 타계한 친지나 친구들이 영혼의 형태로 마중을 나온다고 주장했다.

여기서 유의해야 할 것은 만일 환자가 지금 말한 체험을 하고 있다면 그 사람은 며칠 내로 임종할 확률이 높다는 사실이다. 우리에게는 안 보이는데 그에게는 보인다면 앞서 말한 대로 그는 저쪽 세계 사람이 되기 일보 직전인 것이다. 따라서 그때부터는 환자를 더 편안하게 모시고 그의 장례에 관한 준비를 시작해야 할 것이다.

이때 환자가 부모의 영혼 외에 환한 빛을 목도하는 경우도 있다고 했다. 이 빛도 우리 눈에는 보이지 않는다. 이 빛을 본 환자는 종종 그 빛 때문에 눈이 부시니 불을 꺼 달라고 주문하기도 한다. 이 빛은 다른 곳에서도 언급했지만 사람이 죽으면 하나의 이정표 같은 역할을 하는 것이다. 우리는 이것을 근사체험 연구자의 보고를 통해서도 확인할 수 있었다.

이때 환자들이 체험하는 것 중에는 환상도 많이 포함된다. 이 상태가 되면 정신이 워낙 혼미해지기 때문에 일생에서 가장 인상적인 기억이 현실인 줄 알고 자신이 옛날의 누구와 대화한다고 생각하기도 한다. 이럴 때 걱정이 된다고 임종자에게 진정제를 주사한다거나 혹은 그에게 현실을 깨우쳐 주려고 애쓸 필요가 없다. 그저 환자에게 '그러세요? 누가 오셨어요? 오신 분이 누구예요?' 하면서 동조해 주면 된다. 그렇게 하면 마음이 뒤숭숭한 당사자가 위안을 받을 것이고 불안증도 진정될 것이다. 그러나 임종 직전의 환자가 모두 위와 같은 증상을 나타내거나 체험하는 것은 아니다.

14

임종 직전 마지막 인사는 어떻게 해야 할까?

— 육체적인 변화와 마지막 인사

이번에는 임종이 가까워 올 때 우리 몸에 어떤 현상이 나타나는지 살펴보자. 우선 소변의 양이 이전보다 많이 줄어든다. 이 현상은 어찌 보면 당연한 것이다. 물을 많이 먹지 않는 데다가 소변을 담당하는 기관인 신장의 기능이 저하되어 소변 양이 줄 수밖에 없다. 이렇게 되면 소변은 농축되어 진한 녹차 색깔이 난다. 그러므로 소변에서 이런 현상이 생겨도 걱정할 필요 없다. 경우에 따라 소변 줄을 넣는 것과 같은 요법이 필요할 수도 있는데 그것은 의료진과 상의해서 하면 된다.

그다음은 호흡 문제이다. 임종 시에는 신체의 모든 기능이 저하되니 호흡 능력이라고 정상적으로 작동할 수는 없을 것이다. 그래서 호흡이 매우 불규칙적으로 진행되는데, 몇 초 동안 숨을 쉬지 않다가 깊은 숨을 거칠게 몰아쉬기도 한다. 이렇게 숨을 안 쉬는 기간이 몇 분이고 지속되면 당사자는 사망에 이를 수도 있다.

이와는 반대로 숨을 얕게 할딱거리며 쉬는 것도 이때의 전형적인 증상이다. 이러한 호흡은 노인들에게서 흔히 볼 수 있다. 사람은 어려서는 배로 호흡을 하는데 나이 들면서 호흡하는 부분이 점차 위로 올라와 어른이 되면 가슴으로 숨을 쉬게 된다. 그러다 나이가 더 많아지고 중병이 들면 '어깨로' 쌕쌕거리며 호흡을 한다. 임종이 가까워오면 힘들어하면서 더 얕게 숨을 쉰다. 그러다 숨 쉬는 부위가 가슴보다 더 위로 가면 죽음에 가까워진 것이다. 그래서 우리말에서 죽었다는 것을 뜻하는 '숨 넘어갔다'라는 말은 숨이 어깨 위로 넘어가 명을 다했다는 뜻으로 해석할 수 있다.

호흡이 이렇게 불규칙하고 약해지는 것은 심장과 폐의 기능이 현저하게 떨어지기 때문이다. 따라서 이런 변화가 생겼다고 해서 걱정할 것은 없다. 자연스러운 노화 현상이기 때문이다. 임종자가 호흡을 잘 못해 힘들어하면 부채 같은 것으로 약하게 바람이 일게 해 주는 것도 좋은 방법이다. 혹은 침대의 윗부분을 올려 환자의 상체를 조금 들어 올려도 호흡이 한결 편해진다.

이 무렵이 되면 환자는 늘어나는 가래를 처리하지 못해 괴로워할 수 있다. 제거되지 않은 가래들이 목구멍 뒤쪽에 모이기 때문에 환자가 숨을 쉴 때마다 그르렁거리는 소리를 내는데 이 소리가 보통 때보다 훨씬 더 커진다. 그 때문에 가족들이 당황할 수도 있는데 이것 역시 환자의 기관지가 약해져 생기는 현상이니 의료진에 적절한 조치를 요청하면 된다.

또 심하게 기침하는 경우가 많은데 이때의 환자는 의식이 약해 통증을 잘 느끼지 못하니 인공흡인기로 무리하지 않게 정기적으로 가래를 뽑아 주면 그다지 문제가 없다. 또 환자의 자세를 조금 바꾸어 주는 것도 도움이 된다. 즉 머리를 옆으로 하면 가래 같은 분비물이 입 안에 고이지 않고 흘러나온다. 아울러 입안을 자주 닦아 주어 분비물이 안 생기게 해 주는 것도 좋다.

사실 이런 일은 한번도 해 보지 않은 가족들이 쉽게 할 수 있는 일은 아니다. 게다가 간병인을 쓰면 이런 일은 그들이 알아서 해 주니 가족들은 그다지 신경 쓸 필요 없다. 그러나 알고 있으면 간병인이나 의료진에게 적절한 서비스를 요구할 수 있으니 가족들도 이런 방면의 지식을 갖는 것이 필요하다. 그리고 이런 일 가운데 작은 일들은 간병인에게 의지하지 않고 가족들이 직접 함으로써 환자에게 가족의 사랑을 보여줄 수도 있다.

그다음으로 체내의 순환 체계의 기능이 모두 저하되어 피부색이 변할 수 있다는 것도 유의해야 한다. 즉 혈액 순환이 잘 안 되기 때문에 피부 색깔이 부분적으로 검거나 퍼렇게 될 수 있다. 의사들에 따르면 이러한 현상은 혈액이 몸의 중요한 기관을 보호하기 위해 일정한 부분에 모이는 과정에서 생기는 변화이기 때문에 크게 걱정할 필요 없다고 한다. 그리고 체온이 불규칙하게 높아졌다 낮아졌다 하는데 이것은 뇌의 기능이 떨어졌을 때 나타나는 현상이라고 한다. 이런 과정에서 환자가 식은땀을 흘릴 수도 있고 맥박이 불규칙하게 뛸 수도 있지만 이것 역시 자연스러운 현상이니 의료진과 상의해 적절하게 응대하면 될 것이다.

이제 정말로 떠날 순간이 다가온다. 육체의 기능이 현저하게 떨어지니 호흡이나 심장박동도 아주 약하게 되는데 이것 역시 자연스러운 현상이다. 따라서 공연히 심폐소생술을 실시하거나 인공호흡기를 부착하는 연명술을 시행할 필요가 없다. 이것은 앞에서 사전의료의향서에 대해 설명할 때 누누이 밝힌 것처럼 당사자를 괴롭게 할 뿐이며, 누구에게도 도움이 되지 않는다는 것을 명심해야 할 것이다.

이때 간혹 환자들이 가족 걱정 때문에 몸 떠나기를 거부할 수도 있다. 자신이 떠나면 남겨지는 자식들이 세상으로부터 버림받을지도 모른다는 걱정 때문에 쉬이 떠나지 못하는 것이다. 그런데 이러한 생각은 누구보다도 당사자 본인을 힘들게 만든다.

이런 경우에 가족들은 자연의 순리대로 당사자가 이승을 떠날 수 있게 도와 주어야 한다. 자식들은 당사자에게 '남아 있는 저희들은 걱정하지 마시고 이제 떠나셔도 됩니다. 나중에 저희도 몸을 벗고 아버님/어머님 계신 데로 갈게요. 그때 또 뵈어요.' 와 같은 식으로 의사 표현을 해 임종자를 안심시키는 것이 필요하다. 임종자를 편안하게 만드는 일은 아무리 강조해도 지나치지 않은 일이다.

이처럼 끝까지 대화를 하면서 임종자를 편안하게 만들어 주자. 앞에서 언급한 것처럼 인간의 청각은 끝까지 살아 있으니 계속 이야기를 해 주어야 한다. 그것은 나아가 생물학적인 죽음이 이루어진 직후에도 한동안 계속하는 것이 좋다.

생물학적인 죽음의 순간 대체로 다음과 같은 모습이 나타나는데, 물론 모든 사람이 똑같은 것은 아니다. 우선 눈꺼풀이 반쯤 열리고 그 안으로 보이는 눈동자의 시선은 고정되어 있다. 물론 동공이 풀리기 때문에 눈에서 초점을 발견할 수는 없다(사람이 죽었는지를 알려고 할 때 동공에 빛을 비추는 것은 동공이 반응하는지를 알기 위해서다). 이때 눈을 감겨 주는 일은 쉽게 할 수 있다. 얼굴 전체에 힘이 없기 때문에 입도 벌어진다. 그런가 하면 살아서 의식이 있을 때에는 괄약근에 긴장을 가해 대변이 밖으로 나오지 않지만 사망하면 괄약근은 더 이상 기능하지 못한다. 그래서 대변이 자연스럽게 배설된다. 마찬가지로 죽은 직후에 방광에 있던 소변 역시 배설된다.

  이제 임종자는 이 살아 있는 사람의 세계와 확실하게 작별한 것이다. 여기서 중요한 것은 마지막 순간까지 환자의 손이나 얼굴을 위무(慰撫)하면서 임종자가 마음의 평안을 얻을 수 있게 좋은 말들을 계속해서 해 주는 것이다. 이때 울부짖는 행태가 얼마나 위해한가는 앞에서 익히 말했다. 이렇게 하기보다는 무사히 한 생을 끝내고 새로운 장도에 오르는 그를 기억하겠다는 결심을 다지는 식으로 적극적이고 긍정적인 태도를 보여 주어야 한다. 그리고 지극히 평안한 영계에서 평화롭게 계시라고 조용히 기도하는 것도 좋다.

15

임종 직후 가족들은 어떻게 해야 할까?

오늘날 한국인은 대부분 병원에서 임종을 맞이하는데, 한국의 병원은 누구이 지적한 대로 아직 개인이 존엄하게 최후를 맞을 수 있는 준비가 부족하다. 환자가 가족 속에서 편안하게 임종을 맞으려면 가족들만의 사적인 공간이 필요하다. 앞에서 이 공간을 '영면실' 혹은 '임종실'이라고 부른다고 했다. 이 방에서 가족들은 다른 환자나 보호자들의 방해를 받지 않고 임종자와 사적으로 충분히 교류를 할 수 있다.

마지막 순간이야말로 가족들만이 모여 서로 간의 문제도 정리하고 해묵은 감정도 푸는 등 해야 할 일이 많다. 그런데 이런 방을 준비해 놓은 병원은 그다지 많지 않다. 그래서 환자들은 다인용 병실에서 죽음을 맞이하는 경우가 많다. 이 때문에 많은 문제가 발생하는데 여기서는 임종 직후에 생기는 문제만 보기로 하자.

환자가 임종을 하면 대부분의 경우 얼마 지나지 않아 그 시신은 영안실로 보내진다. 아직 가족들이 슬픈 마음을 추수를 시간도 갖지 못한 채 사랑하는 부모님이나 배우자의 육신을 차가운 냉동고로 보내야 하는 것이다. 임종한 지 얼마 안 되었기 때문에 임종자의 몸에는 아직 온기가 남아 있는데도, 다인용 병실에서 운명하게 되면 선택의 여지가 없다. 옆에 있는 환자나 가족들이 좋아할 리 없기 때문이다.

바로 옆 침상에 시신이 있는 것을 용인할 수 있는 사람은 그리 많지 않을 것이다. 그러나 가족의 입장에서는 아직 온기가 남아 있는 부모님의 시신을 그런 곳에 바로 보내는 것이 죄스럽기 그지 없다. 바라건대 임종은 가족들만 따로 모일 수 있는 방에서 맞도록 준비하자. 만일 별도의 임종실이 없는 병원이라면 2인실이나 1인실을 빌리면 된다. 그곳에서 고인의 사망이 선고된 뒤에도 얼마간은 고인과 같이 있도록 한다.

죽음과 죽음 이후의 세계에 해박한 사람들의 전언에 따르면 임종 직후 영혼은 몸을 빠져나간 다음에도 얼마간 그 주위를 계속 맴돈다고 한다.* 이 말이 사실이라면 우리는 고인의 시신 옆에서 우리 자신이 이 상황에 적응할 수 있도록 여유를 가져야 하고, 고인을 추모하기 위해 마음을 좀 더 모아야 할 것이다. 이를 위해 병원이나 장례식장 관계자와 미리 협의해서 당사자가 임종을 한 후에도 고인과 얼마 동안 같이 있을 수 있게 미리 양해를 구해 두면 좋겠다.

이렇게 고인을 추념하면서 유족들은 고인의 시신을 두고 다음과 같이 하면 좋겠다. 우선 고인의 시신을 잘 닦아 준다. 앞 장에서 본 것처럼 숨이 다하면 생명을 지닌 주체가 없어진 것이라 몸에 많은 변

* 이 분야에 밝은 대표적인 사람으로 『어스 바운드-당신 주변을 맴도는 영혼』(김성진 역, 900 출판사)을 쓴 매리 앤 윈코우스키를 들 수 있다. 이 책은 번역이 됐으니 쉽게 접할 수 있다.

After.Life 감독_Agnieszka Wojtowicz-Vosloo(2009)

유언장이나 사전의료의향서는
임종 준비할 때 꼭 써야 한다.

화가 생긴다. 특히 배설물이 나올 가능성이 크므로 고인의 몸을 잘 닦아 불쾌한 느낌이 들지 않게 해야 한다. 이를 위해 임종실에는 필요한 물품을 미리 준비해 놓아야 할 것이다.

옷도 미리 준비해 놓는다. 환자복은 병원에서만 입는 것이니 본인의 옷으로 갈아입히는 게 좋다. 따라서 본인이 생시에 즐겨 입었던 옷 가운데 조금 큰 옷을 세탁해 깨끗하게 준비해 놓았다가 임종 직후에 갈아입힌다. 여기에서 유념할 것은 수의(壽衣) 문제이다. 한국에서는 수의를 입히는 것이 보편화되었지만 이 절차는 한 번 더 생각해 보면 좋겠다. 수의는 보통 장례 이틀째 되는 날 염습을 하고 난 뒤 입히는데 요즘에는 수의 대신에 고인이 평상시에 입던 옷을 입히는 사람도 늘어나고 있다. 수의는 어떻게 생각해 보면 필요없을 뿐만 아니라 바람직하지 못한 일일 수도 있다. 왜냐하면 매장을 하면 어차피 썩어 없어질 텐데 굳이 비싼 옷을 새로 입힐 필요가 없기 때문이다. 화장의 경우에는 더 말할 것도 없다. 화장을 할 때에는 고인이 수의를 입는 기간이 이틀에 불과하다. 그런데 그것을 위해 그렇게 비싼 옷을 장만하는 것은 불필요하다는 생각이 든다.

한국인들이 수의를 고집하는 것은 부모님 마지막 가는 길에 효도하겠다는 마음 때문일 것이다. 그렇다면 더더욱 고인이 평소에 즐겨 입던 옷을 입혀 주면 고인은 자신이 가장 좋아하는 옷을 입고 저승길을 갈 수 있으니 좋지 않을까? 이 문제는 가족들이 상의해 미리 정해 놓는 것이 좋다.

이에 대해 원불교는 진즉에 그 교리 속에서 가이드라인을 제시했다. 원불교의 2대 교주였던 정산 송규는 아예 수의를 쓰지 말라고 가르쳤다. 이런 데에 헛돈을 쓰면 오히려 고인의 복을 깎는 것이라고 강하게 주장했다. 그래서 수의는 고인이 생전에 즐겨 입던 옷으로 하고 만일 수의를 마련할 돈이 있다면 그 돈을 사회봉사기관에 기증하라고 조언했다. 그렇게 하면 고인에게도 복덕이 쌓이니 피차가 좋다는 것이다. 이렇게 옷을 다시 입히고 나면 몸의 다른 부분에 대해서도 신경 써야 한다. 즉 머리도 다시 빗겨 주고 턱받이도 해 준다. 그리고 임종 과정에서 몸이 꼬이거나 손발이 뒤틀릴 수 있으니 몸을 바로 잡아 준다. 이 정도 되면 고인의 육신 단속은 다 된 것이다.

그 뒤에는 영안실로 보내지니 이제 고인은 가족들 곁을 완전히 떠나게 된다. 가족들이 고인을 다시 보게 되는 것은 염습을 할 때이다. 그때도 나름대로 종교적인 의례를 할 테지만 시간이 넉넉한 것은 이때이다. 따라서 이때 고인 앞에서 종교적인 의례를 하면서 마지막 인사를 하면 더 좋을 것이다.

이런 절차를 거치면서 차분히 고인과 생전에 가졌던 추억을 되새기고 마지막 교감을 나누면 좋겠다. 특히 고인의 영혼이 그곳에 있음을 상기하고 고인과 실제로 대화하듯이 말을 나누는 것을 잊지 말자. 그렇게 수 시간을 보내고 난 뒤 병원 측에 알려 시신을 영안실로 옮기면 병실에서 지냈던 기나긴 과정은 끝나게 된다. 이제 가족들은 고인을 사회적으로 배웅하는 장례식을 치러야 한다.

16

장례 준비는 어떻게 해야 할까?

– 화장과 납골(봉안)은 어떻게 하는 것일까?

드디어 우리는 인간의 죽음이라는 긴 과정의 막바지에 이르렀다. 장례까지 치르면 고인에 대한 배려나 돌봄은 끝난다. 장례의 의미에 대해서는 다른 장에서 다루었으니 여기서는 대강의 절차만 보기로 하자. 사실 우리는 장례 절차에 대해 크게 신경 쓸 필요가 없을지도 모른다. 장례식부터는 상조회사가 맡아서 해 주니 말이다. 이전에는 장의사가 이 과정을 담당했는데 지금은 처음부터 끝까지 상조회사에서 대행해 주니 가족들은 할 일이 별로 없다. 그러나 최소한의 절차는 알아 두는 것이 좋다.

우선 장례 전에 준비해야 할 일이 있다. 장례식을 어디에서 할 것인가와 장법을 결정하는 일이다. 이러한 사항들은 만일 고인이 생전에 유언장에 밝혀 놓았으면 그대로 따르면 된다. 그러나 그렇게 하지 않았다면 임종자가 평소에 무엇을 원했는가를 살펴서 그 생각을 가능한 한 따라 주면 좋을 것이다. 장례 과정은 대체로 상조회사가 함께하므로 그들과 잘 상의하면서 진행하면 된다. 그리고 대부분 병원에서 임종을 하니 장례식도 그 병원의 식장에서 하는 경우가 많다.

장법, 즉 시신을 어떻게 처리할 것인가도 가족들끼리 미리 결정해 두고 그에 따라 움직여야 한다. 매장을 한다면 묘지를 미리 알아보아야 하는데 개인이나 집안의 묘지가 있는 경우가 있고 종중(문중) 묘지가 있는 경우도 있다. 그렇지 않으면 나라에서 만든 공설 묘지나 사설로 만든 재단법인의 묘지를 이용할 수도 있다.

공설 묘지의 경우 지방자치단체마다 사정이 조금씩 다르다. 예를 들어 서울시는 매장이 중단되어 더 이상 시신을 땅에 묻을 수가 없다. 다른 지방의 공설 묘지의 경우 여전히 매장이 가능하기는 한데 그 지역 주민에게만 허용되는 경우가 많으니 사전에 확실하게 알아보고 조치를 취해야 한다.

화장의 경우 가장 중요한 일은 화장장을 예약하는 일이다. 이 화장장(그리고 납골당)에 대해서는 얽힌 이야기가 많다. 사실 화장장이라는 용어는 지금은 기피하는 용어이다. 화장장이라는 곳이 오랫동안 혐오 시설로 간주되었기 때문이다. 화장장이라는 말은 그래도 괜찮은 편이다. 이전에는 화장터라고 불렀는데 이것은 화장장을 조롱하던 용어였다. 따라서 지금은 이 용어들을 모두 쓰지 않고 '추모공원'이라고 부르고 있다.

지금 서울에는 이 추모공원이 서초구 원지동에 있다. '서울추모공원'으로 불리는 이곳은 인근 주민들의 반대 등 수 년 동안 지속된 우여곡절을 거쳐 2012년에야 간신히 개원할 수 있었다. 나는 수 년 전에 잠시 서울시 화장장건립위원회 위원으로 있었던 관계로 이 기관이 만들어진 과정을 비교적 잘 알고 있다. 서울시에서 화장장을 건립하고자 했던 것은 인구 1,200만이 사는 서울에 화장장이 하나도 없다는 말도 안 되는 현실 때문이었다.

사실 서울에는 1970년대만 해도 화장장이 있었다. 홍제동에 있었던 이른바 '홍제동 화장터'가 그것이다. 당시만 해도 홍제동은 서울 중심부에서 멀리 떨어진 곳이라 그런 '혐오 시설'이 남아 있었고, 이 화장장은 온갖 조롱의 대상이었다. 그런데 서울시 중심부가 계속해서 확장되자 이 시설은 경기도 고양군(지금은 고양시) 벽제로 옮겨 갔다. 이때부터 서울은 화장장이 없는 이상한 도시가 되어 버렸다. 그래서 이른바 '특별시' 시민은 죽으면 경기도, 심지어는 강원도의 원주나 춘천까지 가서 화장을 해야 했다. 벽제에 있는 화장장 시설로는 밀려드는 화장 수요를 모두 감당할 수 없기 때문이었다.

그래서 서울시(당시 시장 고건)는 화장장 건립을 결정했고 13개의 후보 지역 가운데 서초구 원지동을 선정했다. 나는 당시 후보 지역을 모두 돌아다녀 보았는데 객관적으로도 원지동이 최적이었다. 그다음 문제는 지역 주민들을 설득하는 것이었다. 지금도 그렇지만 한국인은 이 화장장을 혐오 시설로 생각한다. 자기가 사는 지역에 이런 시설(장애인 관련 기관도 포함)이 들어오면 주민들은 사력을 다해 반대한다. 이유는 두 가지이다. 아이들 교육에 안 좋고 집값이 떨어진다는 것이다. 이 이유가 얼마나 어불성설인가는 재론할 필요도 없다. 지극히 반인류적인 발상이기 때문이다.

그러나 그 지역 주민들의 의사도 존중해야 한다. 그래서 당시 원지동 주민들을 위무하기 위해 서울시는 그들에게 여러 가지 이익될 만한 것을 제시했다. 예를 들어 그린벨트 해제나 국립중앙의료원을 옮기는 정책이 그것인데 이런 소통을 통해 간신히 이 화장장(정식 이름은 "서울추모공원")이 개원됐다. 그러나 원래의 계획보다 규모가 반으로 줄어드는 바람에 화장로가 충분하게 설치되지 않아 앞으로 늘어나는 화장 수요를 어떻게 감당할지 모르겠다.

한국인들이 죽음을 혐오한다는 것은 이 추모공원 건립 사건을 통해서도 충분히 알 수 있었다. 이제는 화장이 대세라 우리는 대부분 화장으로 시신을 처리할 터인데 추모공원 건립을 무조건 반대하니 걱정스럽다. 원지동 화장장 건설로 급한 불은 껐지만 이것으로 문제가 모두 해결된 것은 아니다.

화장과 더불어 심각하게 생각해야 할 것은 화장하고 남은 유골을 안치하는 제2차 장법에 관한 것이다. 지금 유골을 처리하는 데에는 두세 가지 방법이 있다. 이 가운데 가장 흔한 것은 유골을 봉안묘나 봉안당에 모시는 것이다. 원래 이 봉안묘라는 용어는 납골묘(당)라고 했다. 지금도 납골당이라는 말을 많이 쓰고 있는데 이 단어는 '유골을 수납한다'는 뜻이어서 조금 으스스한 느낌이 들 수 있다. 그래서 봉안당 혹은 봉안묘로 바뀐 것이다. 사정이 어떻든 봉안이란 '받들어 모시다'라는 뜻이니 원래의 취지에 부합되는 용어라 생각된다.

봉안묘는 개인이나 가족 단위로 유골을 모시는 묘를 말한다. 이것은 겉에서만 보면 시신을 매장하는 묘와 모습이 거의 같다. 단지 묘 안에 관이 들어가는 것이 아니라 가족들의 유골함이 여러 개 들어가는 것이 다르다. 그에 비해 봉안당은 여러 사람의 유골함을 같이 모서 놓은 집을 말한다. 봉안당은 TV 드라마에도 많이 나온다. 이러한 묘나 당은 종교 기관이나 사설 기관에서 많이 공급하고 있으니 이 가운데 자신의 조건에 맞는 것을 택하면 된다. 이 외에 공공기관에서 운영하는 봉안묘도 있다. 서울시의 경우 많은 구가 저렴하게 봉안시설(추모의 집)을 제공하고 있으니 이것도 참고하기 바란다.

 그 밖에 자연장이나 해양장도 있다. 자연장 가운데 대표적인 것은 수목장인데 이것은 유골이나 유골함을 나무나 잔디, 화초 주위에 묻는 것을 말한다. 수목장은 친자연적이라는 평가를 받는데 적지 않은 사설 기관에서 이 수목장을 할 수 있는 공간을 제공한다. 이에 비해 바다에 유골을 뿌리는 해양장은 그다지 널리 활용되지는 않지만 자연에 어떠한 흔적도 남기지 않는다는 의미에서 가장 친자연적이라 할 수 있겠다. 이런 종류의 2차 장법에서 고인의 유지와 가족의 조건에 가장 부합되는 장법을 고르면 되겠다.

17

장례는
어떻게
진행되는 것일까?

— 3일장의 경우

장례는 한 가족 내에서 자주 일어나는 일이 아니기 때문에 대부분의 가족 구성원이 그 절차에 대해 무지하다. 게다가 현대는 전근대적인 마을 공동체 사회가 아니고 핵가족이 중심이 된 도시 중심 사회라 전통 의례를 제대로 아는 사람이 거의 없다. 따라서 장례의 경우 우리는 전문가의 도움을 받아야 한다(그렇다고 이 전문가가 전통의 의례를 정확하게 알고 있는 것도 아니다). 사람들이 장례식장에서 벌어지는 수많은 부조리를 목격하면서도 결국 그들의 손을 빌리지 않을 수 없는 것도 그 때문이다. 이러한 현실을 감안한다면 진즉에 믿을 수 있는 상조회사를 수배해 놓는 것이 현명한 일이다. 갑자기 장례가 닥치면 경황이 없어 자기에게 맞는 상조회사를 고르는 일이 쉽지 않기 때문이다.

사정이 어떻든 장례에 관한 모든 것을 상조회사에만 맡기고 나 몰라라 하는 것은 결코 바람직하지 않다. 기존의 장례 절차에는 불합리한 점이 적지 않다. 따라서 만일 독자들이 다음에서 설명하는 장례 절차에 대해 기초적인 상식이라도 있으면 상조회사와 협조하여 적절한 수정을 가하면서 더 좋은 장례식을 만들 수 있을 것이다. 그렇지 않고 일방적으로 회사에 휘둘리게 되면 감정에 상처를 받거나 재정적인 손실을 입을 수 있다.

환자가 사망한 당일 고인을 장례식장으로 보내려면 사망진단서가 필요한데 이것은 의사에게서 받을 수 있다. 이 진단서가 없으면 장례식장에서 고인의 시신을 받을 수 없다. 사고사의 경우는 검시필증 또는 사체검안서가 필요하다고 한다. 이 서류들을 장례에 관련된 여러 기관에 제출하려면 7부가 필요하다. 우리는 이런 절차부터 익숙지 않은데 이것들은 상조회사가 다 맡아서 해 줄 터이니 그리 걱정할 필요 없다. 이런 과정을 거친 뒤 병원이나 상조회사의 안내에 따라 고인의 시신을 장례식장의 안치실에 모신다.

다음으로는 문상객들이 오기 전에 빈소를 마련해야 한다. 이때 빈소를 장식하는 물품들은 상조회사에서 준비하겠지만 영정 사진은 가족들이 미리 챙겨 놓아야 한다. 영정 사진은 특히 생전에 밝은 모습으로 찍은 사진 중에 고르는 것이 좋다. 그리고 수의나 관 같은 각종 장례용품이나 상복 등도 상조회사와 상의해 적절한 것을 고른다. 이때 수의를 쓰는 것이 누구를 위한 것인지 잘 판단해서 결정하고, 관도 화장할 것이라면 굳이 두꺼운 나무로 된 비싼 것을 이용할 필요가 없으니 잘 생각해서 결정하자(수의 문제는 앞 장에서 이미 부분적으로 다루었다). 심지어 그리 비싸지 않은 종이관도 있다고 하니 여러 가지 가능성을 두고 생각해 보자.

이런 준비를 하면서 초상이 났다는 소식을 이웃에게 알려야 한다. 어느 범위까지 알릴 것인지는 상을 당한 가족들이 결정하기에 달렸다. 널리 알리고 싶으면 신문에 부고 광고를 내는 것도 한 방법이겠다. 그런데 요즘 신문에 나는 부고 광고를 보면 상조회사가 전근대적인 방법으로 내는 경우가 많으므로 이것 역시 신경을 써야 할 것이다.

그리고 장례 후 조객(弔客)들에 대해 전하는 감사 인사 글을 보면 잘못된 표현이나 잘못된 경어법이 보이므로 이런 것도 안심하고 상조회사에 맡길 수 없으니 조심해야 한다.* 요즘에는 이러한 신문 광고보다 인터넷이나 휴대전화 문자를 많이 이용하는데 여기에는 최소한 다음의 정보, 즉 사망일, 장례식장 소재, 발인 일시 등이 제시되어야 한다. 여기에다 발인 장소나 장지까지 밝히면 더 좋겠다.

이제 두 번째 날로 접어든다. 둘쨋날에 하는 일 중 가장 중요한 것은 염습하고 입관하는 것이다. 염습은 시신을 깨끗이 닦은 다음 수의를 입히는 절차이다. 여기서 수의는 앞에서 말한 대로 미리 정한 대로 골라서 입히도록 한다. 이 절차는 유족들은 참여할 수 없고 장례 지도사가 전적으로 맡게 된다. 습하는 것이야말로 전문가만이 할 수 있는 일이기 때문이다. 따라서 유족들은 단지 옆에서 참관만 할 수 있다. 이 과정은 상을 당하지 않은 사람은 체험할 수 없는 것인데 이

---

* 예를 들어 그 문구를 보면 '일일이 찾아뵙고 인사드리는 것이 도리이오나'라는 것이 있는데 이것은 한 번만 생각해 보면 참으로 웃기는 일이다. 왜냐하면 길상례를 끝낸 뒤 방문해 준 손님들을 직접 찾아가 인사하는 것은 할 수도 없고 할 필요도 없는 일이기 때문이다. 따라서 이런 마음에도 없는 문구는 수정하는 것이 예의에 맞는 것이라 하겠다.

와 관련해 좋은 영화를 하나 추천하고자 한다. 타키타 요지로라는 일본 감독이 만든 〈굿바이〉라는 영화인데 우연히 장례지도사가 된 주인공이 겪는 이야기가 그 주된 줄거리이다. 비록 한국과는 다른 일본의 염습 장면이 나오지만 참고로 보기에는 좋다. 염습이 끝나면 시신을 관에 넣어 안치실에 모신다. 입관할 때에는 그 가족의 종교에 따라 의례를 진행하는 경우가 많다.

이 절차가 끝나면 유족들은 상복으로 갈아입는데 이것을 성복(成服)이라고 부른다. 이전에는 이 성복하는 데에도 복잡한 절차가 있었지만 지금은 간단하게 검은 옷을 입는다. 상주는 삼베로 만든 완장을 착용해서 친척들과 구분을 둔다. 이렇게 상복을 입으면 빈소가 차려지는데 원래는 이런 준비가 끝나야 비로소 문상객을 받을 수 있었다. 그러나 지금은 그런 규범에 구애받지 않고 첫날부터 문상객을 받는다. 현대 사회는 누구든 바쁘기 때문에 옛 예절을 엄격히 따를 여유가 없는 것이다. 다음 날이 발인이니 그것에 대한 준비도 해야 한다. 즉 묘지나 화장장, 그리고 봉안묘(당) 등을 이용할 때 서류가 필요하니 미리 챙겨야 할 것이다. 보통 발인은 3일째 되는 날 아침에 일찍 하니 장례식장 이용료 등의 비용 지불은 그 전날 다 마쳐야 할 것이다. 그러나 상조회사가 전 과정을 담당하고 있으면 그 회사 직원과 이야기하면 되겠다.

마지막 날은 발인하는 날이다. 영구를 화장장이나 장지로 운반하기 위해 필요한 서류 절차는 상조회사에서 알아서 하겠지만 영정 드는 사람이나 운구할 사람들은 유족들이 미리 정해 두어야 한다. 고인이 종교를 믿었다면 발인 직전에 그 종교 의례를 하게 된다. 그러나 특정 종교를 믿지 않는다면 전통적인 상례를 따르게 될 것이다.

이때 장지나 화장장으로 가기 전에 마지막으로 고인이 생전에 활동했던 곳을 들렀다 가는 경우가 있는데 이것을 '노제'라 한다. 사람들은 이 절차가 『주자가례』에 있는 것으로 생각하기 쉬운데 이 순서는 한국에서 만들어진 것이다. 지금까지 본 절차들은 모두 『주자가례』에 있는 것들이지만 한국에서 조금씩 변형되어서 정착되었다.

이 순서 말고도 한국에서 만들어진 순서가 더 있다. 예를 들어 한국에서는 하관을 한 다음에 봉분을 만들고 그곳에서 다시 제사를 지내는데 이것도 『주자가례』에는 없는 절차이다. 원래 『주자가례』에서는 묘 앞에서는 제사 지내지 않고 혼을 집으로 모셔와 집에서 제사를 드리게 되어 있다. 사실 『주자가례』는 너무 복잡하기 때문에 조선에서도 엄격하게 지켜지지는 않았다. 지금 한국에서 지내는 절차는 『주자가례』를 대폭 간소화한 것이다(그러나 그나마도 『주자가례』를 지키는 나라는 한국밖에 없다).

장지에 도착하면 하관 의례와 같은 절차가 진행될 것이다. 반면 화장장에서는 관을 화장로(火葬爐)에 넣기 전에 고인 또는 유족의 종교 의례를 하고 화장을 한다. 장지에서는 하관을 하고 봉분을 만들면 그것으로 끝나지만 화장장에서는 화장 후 유골을 함에 담아 봉안묘(당)나 자연장 등을 할 수 있는 시설로 옮겨 절차를 마쳐야 모든 과정이 끝이

난다.

  이렇게 해서 장례는 다 끝나지만 그 이후에도 세부적인 일들이 조금 남아 있다. 예를 들어 삼우제를 지낸다거나 탈상하는 절차가 그것이다. 사실『주자가례』에 따르면 장례 후에 세 번을 제사 지내야 한다. 그 마지막 제사가 삼우제인데 지금은 장례 3일 뒤에 삼우제를 한 번 드리는 것으로 간소화했다. 탈상일도 햇수로 3년이 되어야 하는데 지금은 장례 후 49일이나 100일째 되는 날 하는 경우가 많다. 현대 사회가 워낙 바쁘고 빨리 돌아가고 있으니 이렇게 해도 무방하다는 생각이다(현대의 하루가 옛날에는 한 달이 될 수도 있다).

  이제 진짜 마지막 절차인 서류 작업만이 남았다. 매장을 하였다면 30일 내로 관할 관청에 매장 사실을 신고해야 한다. 아울러 같은 기간 내에 사망진단서와 관련 서류를 해당 관청에 제출하는 것도 잊어서는 안 된다. 만일 이렇게 해 놓지 않으면 고인 앞으로 세금이 나온다든가 하는 착오가 생길 수 있으니 이 작업은 꼭 해야 한다. 여기까지 오면 길고 힘든 장례가 모두 끝난다.

Here after 감독_Clint Eastwood(2010)

지금까지 살아온 삶을
잘 정리하고 기쁘고 선한 마음으로
임종을 맞이해야 한다.

18

유족들은 어떻게 슬픔을 극복해야 할까?

장례까지 지내면 고인에 대한 예우는 다 한 셈이다. 그러나 인간의 죽음이라는 과정에는 죽는 당사자만 있는 것이 아니라 유족들이 있다는 것도 잊어서는 안 된다. 이들은 사랑하는 가족을 잃고 큰 슬픔을 감내해야 한다. 이 슬픔을 잘 극복하고 일상생활로 돌아오는 것도 인간의 죽음과 죽어 감이라는 과정에서는 대단히 중요한 부분이다. 유족들은 그래도 장례식까지는 주위의 도움을 받고 정신없는 가운데 치러내지만 실질적인 문제는 그다음부터 불거진다.

장례식 때에는 그래도 주위 사람들이 큰 위로가 되었지만 이제부터는 집에서 혼자 혹은 가족끼리 그 사별의 슬픔을 겪어야 한다. 유족들은 이 슬픔을 슬기롭게 이겨내야 할 뿐만 아니라 그것을 통해 자신의 인생을 창조적으로 한 단계 업그레이드하는 기회로 할 것이다.

이 과정은 다른 책(『죽음학 개론』(시리즈 제1권), 이하 '개론')에서 자세하게 다루었다. 그러나 좋은 죽음, 혹은 존엄한 죽음을 생각한다면 유족에 대한 돌봄(care)을 빼놓을 수 없다. 인간의 죽음(그리고 죽어 감)이라는 기나긴 과정은 이것으로 비로소 완성되기 때문이다. 따라서 이 지면에서도 그냥 지나칠 수는 없겠다. 여기서는 같은 과정을 이전 장에서 다룰 때와 중복되지 않게 살펴보고 요약하는 것으로 갈음하고자 한다.

'개론'에서는 이 슬픔 극복 과정을 10단계로 나누어 설명했다. 이것을 다시 요약하면 3단계로 축약할 수 있다. 첫 번째 단계는 초기로서 충격과 좌절 단계이다. 사랑하는 사람을 잃었을 때 인간이 큰 충격을 받고 좌절하는 것은 당연한 것이다. 이때는 가능한 한 빨리 현실을 수용하고 몸에 일어나는 여러 현상들에 순응해야 한다. 너무 큰 충격에 몸에 이상 증상이 생길 수도 있는데 그것을 필연적인 것으로 받아들이라는 것이다. 그러나 이 상태가 오래 가서는 안 된다. 길게 가야 2개월이고 1개월 정도 지속되는 것이 보통이다.

두 번째 단계는 고독과 우울에 빠지는 것으로 가장 긴 단계이다. 큰 슬픔이 지나고 나면 고인의 부재가 절실하게 느껴진다. 그토록 사랑하던 부모나 배우자, 자식이 없으니 고독한 것이 당연하고 그 결과 어떤 일에도 의욕이 생기지 않는다. 그래서 우울증에 빠진다. 어떤 것을 보아도 기쁘지 않다. 특히 자식을 잃었을 때가 심하다. 눈에 넣어도 안 아픈 내 새끼가 없으니 내가 이 세상에 있을 이유가 없다고 느끼며 자살을 생각하기도 한다.

이 상태는 1년 정도 지속되는 게 보통이라고 한다. 그러나 이것은 타계한 사람이 누구냐에 따라 다르고 어떤 형태로 죽었느냐에 따라서 달라진다. 만약 이 상태가 1년 이상 간다면 전문가의 상담을 받는 게 좋다. 말은 이렇게 하지만 한국 사회에는 이럴 때 적절하게 상담해 줄 수 있는 전문가를 찾기가 쉽지 않다는 것이 문제다. 한국 사회에는 아직 죽음을 깊이 있게 다루는 사회 분위기가 형성되어 있지 않아 이 분야에 대한 전문가를 배출하지 못했다.

　마지막 단계는 사별의 슬픔을 극복하는 단계이다. 처음에 이 일을 당했을 때는 이 슬픔을 도저히 극복할 수 없을 것이라는 생각이 들지만 시간이 흐르고 노력을 기울이다 보면 이 슬픔도 극복할 수 있다는 것을 알게 된다. 그리고 이렇게 슬픔 속에만 빠져 있는 것이 고인을 위한 길이 아니라는 것도 깨닫게 된다. 이런 과정을 통해 우리는 이전보다 한층 더 성숙해질 수 있다. 더 적극적으로 생각하면 내가 다시 잘 사는 것이 고인을 위해서도 좋은 일이라는 결론에 도달할 수 있다. 그렇다고 해서 고인을 잊는 것은 결코 아니다. 다만 감정적인 것을 정리할 뿐이다. 고인과의 관계가 한층 더 업그레이드된 상태에서 재정립되는 것이다. 그런데 이 상태까지 오려면 고통스러운 앞의 두 단계를 거쳐야 한다. 특히 기나긴 두 번째 단계를 거치지 않고 이 세 번째 단계로 오는 것은 거의 불가능하다. 아울러 이런 과정을 거치면서 본인은 훨씬 더 성숙한 인생관을 가질 수 있다. 인생을 삶과 죽음이 보완하는 것이라는 시각으로 보게 되니 원숙한 경지로 나아갈 수 있는 것이다. 간혹 이런 경험을 통해 거의 종교적인 경지에 이르는 사람도 있다.

　다른 책*에서 필자는 이 사별의 과정을 다음과 같은 짤막한 표어

---

* 한국죽음학회 웰다잉 제정위원회 저, 『한국인의 웰다잉 가이드라인』.

로 정리한 적이 있다. 여기서는 그 내용을 조금 바꾸고 확대부연해서 새롭게 설명한다. 이것으로 이 책을 마무리하자.

첫째, 슬퍼할 만큼 슬퍼하고 고통을 있는 그대로 받아들이자

이런 큰일을 당하고 슬퍼하지 않으면 그게 이상한 것이다. 만일 생전에 고인과 건강한 관계를 유지했다면 집착하지 않고 적절한 수준에서 슬퍼할 수 있을 것이다. 이럴 때에는 슬퍼할 만큼 슬퍼해야 정상 상태로 돌아올 수 있다. 아플 때 아파하는 것은 전혀 이상한 게 아니다. 이 경우에는 슬픔을 참는 것이 오히려 이상하다.

사랑하는 사람을 사별한 데에서 느끼는 고통을 그대로 인정하자. 물론 그 고통을 견뎌 내는 것은 대단히 힘든 일이지만 내 마음이 지금 많이 아프고 쓰리다는 것을 받아들이자. 그리고 이 고통을 극복하려면 많은 시간이 걸린다는 것도 수용하자.

사람이 괴로울 때는 섣불리 그 고통에서 벗어나려 하지 말아야 한다. 괴로울 때는 그냥 그 고통의 한가운데에 있으면서 힘들어 해야 한다. 그게 그 고통을 이기는 방법의 출발점이다. 절망감이 닥쳐오면 절망 속으로 들어가고 고인이 그리우면 사무치게 그리워하자. 그렇게 괴로움을 감내하면 그 뒤에는 그만큼의 인격적 성숙이 뒤따른다. 그리고 고통이 끝난 다음에 돌아보면 그 고통이 값지다는 것을 알게 된다.

둘째, 생활을 단순하게 바꾸자

이때에는 심신이 아주 힘들기 때문에 몸이 하자는 대로 따르는 것이 좋다. 몸이 슬퍼하라고 하면 슬퍼하고, 쉬라고 하면 쉬고, 먹으라고 하면 먹으면 된다. 자신의 욕구를 있는 그대로 받아들이라는 것이다. 이런 위급한 상황에서는 몸의 본능적인 적응력이 뛰어나기 때문이다. 따라서 일상생활을 단순하고 규칙적으로 해야 한다. 아니 그렇게 하지 않으려 해도 그럴 수밖에 없을 것이다. 사람은 슬퍼할 때에 많은 에너지가 필요하기 때문에 다른 데에 에너지를 소모해서는 안 된다. 생활을 단순하게 해야 된다는 것은 이런 이유에서이다.

그리고 힘을 모으려면 많은 일을 복잡하게 해서는 안 된다. 적은 일을 규칙적으로 하는 게 필요하다. 물론 밀려오는 슬픔에 많은 일을 할 수도 없다. 다만 공연한 욕심을 내어 일을 벌이지 말라는 이야기이다. 오히려 그동안 해 오던 일들을 줄이고 휴식 시간을 더 많이 가져야 한다. 그리고 규칙적인 운동을 해서 몸의 피로도 꾸준히 다스려야 할 것이다.

셋째, 고통을 감추지 말고 표현하자

어쩔 수 없이 생기는 심적인 고통을 마음에 담아 두지 말자는 것이다. 고인에게는 물론이고 자신에게도 분노라든가 자괴감, 수치심, 후회, 회한, 고독 등 수많은 좋지 않은 감정이 생긴다. 이런 감정을 본인의 마음에 묻어 놓지 말라는 것이다.

어떤 고통은 자신의 마음에만 담아 둘 수도 있을 것이다. 이럴 때 자신의 감정을 차분하게 글로 쓰면 그 자체로 치유가 될 수 있다. 또 마음이 훨씬 정화되는 것을 느낄 수 있다. 그리고 많은 경우 아픔을 나눌 수 있는 이웃과 공유하면 고통이 훨씬 경감될 수 있다. 공유하는 방법으로는 그 이웃들과 이야기하는 것이 가장 직접적인 방법이지만 그 외에도 글로 써서 자신을 이해할 수 있는 사람에게 보내는 것도 좋은 방법이다. 답장을 받을 수 있다면 더 좋다. 계속해서 자신의 생각을 발전시켜 나갈 수 있기 때문이다.

이와 관련해서 좋은 예가 하나 있어 책 한 권을 소개한다. 『먼길 떠나는 아침에』(제3기획, 1988)라는 책으로, 세계적인 죽음학의 대가 알폰스 데켄 신부가 일본의 유명 (여류)작가인 소노 아야꼬와 '사랑과 죽음'을 주제로 서신을 주고받은 것을 엮은 것이다. 이 책에서 특히 데켄 신부는 자신이 2차 세계대전 때 고국인 독일에서 삶과 죽음의 갈림길을 넘나들며 직접 느낀 체험을 이야기하고 있어 이채롭다.

넷째, 고인과 보냈던 행복한 시간을 추억해 보자

고인이 이제 없으니 슬픈 것은 어쩔 수 없지만 시간이 어느 정도 지나면 여유가 생긴다. 그때는 슬픈 기억에만 집착하지 말고 좀 더 적극적으로 고인과 생전에 같이 지내며 행복했던 추억을 되새겨 보자.

그와 같이 보냈던 좋은 추억을 떠올리면 슬픔이 훨씬 경감될 것이다. 그러는 과정에서 생전에는 보지 못했던 고인의 장점이 새롭게 보이기 시작한다. 또 그의 자리가 어떤 것이었는지도 새삼 알게 된다. 그가 없는 빈자리가 얼마나 큰지 깨닫게 되고 그가 나에게 어떤 의미의 사람이었는지도 절감하게 된다. 한마디로 말해 새로운 인간관계가 형성되는 것이다. 이렇게 된다면 이런 생각들을 통틀어 고인에게 편지 형식의 기록으로 남기는 것도 좋겠다. 그렇게 하면 내 안에 있는 그에 대한 생각이나 이미지를 재정립할 수 있어 좋다.

다섯째, 진정한 종교에 대해 공부해 보자

중요한 타자(significant other)의 죽음은 내게 슬픔만 주는 것이 아니라 기회도 준다고 했다. 그 기회란 앞에서 여러 번 말한 것처럼 인생에서 가장 중요한 것에 대해 생각할 수 있는 동기를 제공받는 것이다. 내가 그토록 사랑하는 사람이 조금 전까지 혹은 며칠 전까지만 해도 바로 곁에 있었는데 지금은 없다는 절박한 심정은 나로 하여금 여러 질문을 던지게 할 수 있다.

'사람은 죽으면 이렇게 끝나는 것인지?' 혹은 '조금 전까지 있던 그의 의식은 어디로 간 건지?' 혹은 '사람들이 고인이 좋은 곳에 갔다고 하는데 그가 정말로 좋은 곳에 간 건지?' 혹은 '그 좋은 곳이 어떤 곳인지? 아니, 그런 곳이 존재하기나 한 건지?' 등 매우 종교적인 질문을 할 수 있는 기회가 된다.

질문은 이렇게 시작하지만 결국 이 질문들이 귀착되는 종착점은 '인생의 궁극적인 의미는 무엇인가?' 와 '인생은 어떻게 살아야 하는 것인가?' 이다. 이 질문이야말로 인류가 생긴 이래로 세계 종교에서 오랫동안 천착해 오던 주제들이다.

그런데 사람들은 바쁜 일상에 쫓기면서 사느라 이런 질문을 모두 뒷전에 미뤄 놓고 남의 일인 양 모른 체 하며 살고 있다. 그래서 큰 충격이 아니면 이 중요한 질문들에 대해 생각하려 들지 않는다. 그런 질문은 던져 봐야 뾰족한 답도 없는 것 같고 누가 시원하게 알려 주지도 않으니 굳이 꺼내려 하지도 않았던 것이다. 그러나 내가 그토록 사랑하던 부모님이, 남편 혹은 아내가, 자식이 죽으면 상황이 달라질 수 있다.

이런 기회를 놓치지 말고 많은 사람과 대화하고 적극적으로 관련된 책을 찾아 공부하는 쪽으로 삶의 방향을 틀면 바람직하지 않을까? 그뿐만 아니라 기도나 요가, 참선 같은 명상을 직접 해 보는 것도 좋겠다. 이런 것들을 섭렵하되 주의해야 할 것은 반드시 혼자 있는 시간을 많이 가져야 한다는 것이다. 아니, 제대로 공부한다면 자연히 혼자 있는 시간을 많이 갖게 된다. 만일 이런 작업이 성공한다면 자신의 삶이 이전과는 비교가 안 되게 풍부해지고 인생관에도 큰 변화가 생길 수 있다. 인생에서 이런 기회는 잘 찾아오지 않는다. 부디 이 절호의 기회를 놓치지 말자.

여섯째, 이제부터 새로운 생활을 시작해 보자

만일 위에서 예시한 항목들을 성공적으로 완수한다면 이전과는 다른 새로운 삶을 살게 될 것이다. 그 중에서도 아마도 새로운 인간관계가 만들어지는 것을 첫 번째로 꼽을 수 있을 것이다. 왜냐하면 인생에 새로운 눈을 떴으니 자연적으로 그와 비슷한 관심을 가진 사람들과 어울리게 되기 때문이다. 이전에는 현실적인 이익을 위해서만 사람들을 만났는데 이제는 그런 이유로 사람들을 만나는 기회가 현저하게 줄어든다.

육신을 가진 존재로서 삶을 유지하기 위해서는 돈을 벌어야 하니 이런 사람들과 거래를 완전히 끊을 수는 없을 것이다. 그러나 인생의 참 의미에 눈을 뜨면 현실적인 이익보다는 이웃에 봉사하는 쪽에 관심을 갖게 될 확률이 크다. 또 이 사건을 통해 자신이 터득한 지혜나 지식을 이웃과 같이 나누고 싶은 마음도 생긴다. 이런 활동은 이웃을 위하는 측면도 있지만 자신의 영적 향상에 큰 도움이 된다는 것을 알기 때문에 누가 하라고 권하지 않아도 자원봉사를 하는 것이다.

이런 일을 하면서 자신의 죽음에 대한 준비도 시작해야 한다. 이런 다양한 과정 속에서 우리의 삶은 죽음을 제대로 이해했을 때만이 완성될 수 있다는 것을 절감하게 될 것이다. 이러한 단계까지 올 수 있다면 그는 이번 생에서 성공한 사람이 될 수 있을 것이다.

마치면서

    이 책을 쓴 이유는 한국인에게 어떻게 하면 존엄하고 좋은 죽음을 맞이할 수 있는지를 알리기 위해서이다. 이 책에서 제시한 것들을 충분히 이해하고 따르면 좋은 임종을 맞이할 수 있을 것이라는 기대를 해본다. 그러나 그렇다고 해서 지금까지 죽음과 삶에 대해 별 생각 없이 살다가 죽음이 가까이 왔을 때 이 책만 보면 자신의 죽음을 잘 맞이할 수 있다는 것은 아니다. 생존해 있을 때에는 온갖 이해관계에 얽혀 자신의 이득만 취하는 극히 물질적인 욕심을 부리면서 살다가 죽을 때가 되어서야 이 책을 보면서 죽음을 준비하려 한다면 늦는다.
    이 책에 담은 내용을 가지고 대중 강연을 할 기회가 여러 번 있었는데 청중들이 결국 관심을 가지는 것은 유언장과 사전의료의향서였다. 강의가 끝나고 개인적으로 내게 와서 '유언장과 사전의료의향서가 그렇게 중요한 것인지 몰랐다. 많은 것을 배웠다.'라고 하는 사람이 많았다. 그러나 이것은 내 의도와 다른 반응이다. 물론 유언장이나 의향서는 인간의 죽음과 죽어 감의 과정에서 매우 중요한 것이다. 그러나 그것은 초보적인 것이고 죽음이라는 전 과정에서 부분에 불과하다.

인간의 죽음과 관련해서는 그것보다 훨씬 중요한 사항이 많다. 예컨대 이 책에서 계속해서 이야기했던 것처럼 우리 삶의 궁극적인 의미나 죽음에 대한 확실한 이해는 극히 중요한 주제이다. 내가 대중강연에서 죽음을 이해하자고 한 것은 바로 이 주제를 제대로 생각해 보자는 것이었다. 그런데 대중들은 이것에는 관심이 없고 재산 정리(유언장)나 의료 조치(의향서)에만 관심이 있었다. 나는 죽음을 통해 우리 삶을 다시 생각해 보고 이번 생을 잘 정리할 수 있는 철학적인 사고를 같이 하자고 제의했는데, 그 의도가 청중에게 제대로 전달이 안 되었다.

왜 이런 일이 벌어졌을까? 이것은 대부분의 사람들이 그동안 죽음에 대해 별 관심이 없었거나 아니면 관심이 있어도 막연하게만 알고 있었기 때문에 생긴 현상으로 이해된다. 이 책에서 제시하고자 한 것은 죽음을 잘 준비하는 것은 물론이고 그를 통해 존엄한 죽음을 맞이하자는 것이지만, 그와 더불어 죽음을 공부함으로써 지금의 삶을 바꾸자는 것도 중요한 목적이었다.

우리는 많은 문제를 안고 살아간다. 이 문제들은 우리로 하여금 인생을 되돌아보게 해 준다. 우리는 이 문제들을 풀려고 노력하면서 지속적으로 의식(영)을 고양시켜야 한다. 그래야 이번 생에 나온 보람이 있다. 이것이 바로 죽음교육의 목적이고 진정한 죽음 준비이다. 유언장이나 의향서 써 놓는 것은 죽음 준비의 끝이 아니라 시작에 불과하다. 우리는 이처럼 죽음을 앞에 놓고 우리 삶을 성찰해야 한다.

그러면 우리는 어떻게 이 일을 할 수 있을까? 이렇게 하기 위해서는 더 공부해야 한다. 비슷한 관심을 가진 사람끼리 모여서 공부하든지 죽음학과 관계된 기관에서 제공하는 프로그램에 참여하는 것이 그 방법 중 하나이다. 그래서 죽음 문제에 대한 탐구를 머릿속으로만 하지 말고 온 몸으로 해 나가야 한다. 그렇게 해야 언제 죽음을 맞이하든 의연한 마음으로 존엄을 잃지 않고 대응할 수 있다.

죽음 공부는 막중한 것이라 제대로 하지 않으면, 혹은 오랜 기간 정성 들여 하지 않으면 절실하지 않게 된다. 절실하지 않으면 실제의 경계에 부딪쳤을 때 무너지고 만다. 예를 들어 아무리 사전의료의향서를 써 놓았더라도 그 의향서의 정신이 자신의 삶에 녹아 들어가 있지 않으면 실제로 말기 질환에 걸렸을 때 의연하게 연명 치료를 거부하지 못한다. 즉 본인에게 고통만 주는 무의미한 연명 치료를 거부하지 못하고 하루라도 더 살려고 매달릴 수 있다는 것이다. 이것은 죽음에 대한 공부가 본인의 골수에 정착이 안 된 탓이다.

그리고 공부가 제대로 되어야 지금 주위에서 횡행하는 잘못된 관행에 휩쓸리지 않을 수 있다. 즉 장례식을 쓸데없이 호화롭게 한다거나, 관이나 수의를 지나치게 비싼 것으로 한다거나, 묘지에 많은 돈을 들이는 것 등이 바로 잘못된 관행이다. 사람들은 '이런 불합리한 것들을 나는 안 한다.' 하고 말하지만 실제의 경계에 부딪히면 그렇게 소신 있게 밀고 나가지 못한다. 한 개인의 힘으로는 사회의 습속을 거부하기가 쉽지 않기 때문이다. 보통의 우리는 그저 좋은 게 좋은 거라 하면서 튀는 것을 꺼린다. 죽음 공부는 이런 잘못된 사회 관습을 극복하고 당당하게 자신의 길을 가게 도와줄 수 있다.

우리 대부분은 죽은 다음에 50년쯤 지나면 기억해 줄 사람이 거의 없게 된다. 자식들만 기억할 뿐인데, 그들마저 죽으면 잊혀진 존재로 전락한다. 사정이 그러하니, 흡사 천 년을 살 것처럼 번쇄하게 의례를 하고 어디에 묻힐 것인가 하는 문제 같은 것에 연연할 필요가 없다. 인간의 죽음이라는 중요한 삶의 과정에서 비본질적인 데에 정신이 팔려 진짜 중요한 것을 놓치지 말자. 무엇이 진짜 중요한 것인지는 앞에서 누누이 이야기했다. 우리 인생에서 '지금 여기서 나는 어떻게 살아야 하는가.' 보다 더 중요한 것은 없다.

부록

부록1 유언장

부록2 사전의료의향서

부록 1

유언장

　부록 1은 유언장에 대한 것이다. 여기서는 먼저 유언장에 어떤 내용이 들어가야 하는가를 설명한다. 유언장 예시문1이 그것이다. 각 항목별로 밝혀 주었으면 하는 내용들을 열거해 보았다. 그러나 여기에 나와 있지 않지만 본인이 첨가하고 싶은 것은 얼마든지 덧붙일 수 있다. 아울러 절대로 세상에 공개하고 싶지 않은 것이 있다면 굳이 여기에 밝힐 필요 없다. 유언장은 본인 사후에 자식들에게 생길 수 있는 혼란이나 갈등을 미연에 방지하고 본인의 마음을 자식과 세상에 전하려고 쓰는 것이니까 그 범위 내에서 마음대로 작성할 수 있다.
　유언장 예시문2에는 실제로 쓴 유언장을 예시했다. 여기서 이렇게 세세하게 예시문까지 제공하는 이유는 신중하게 유언장을 썼으면 하는 바람 때문이다. 그만큼 유언장은 중요하다.
　유언장을 반드시 이렇게 써야 한다는 규칙은 없다. 각각의 조항들은 필요에 따라 빼든지 더하든지 아무 관계없다. 그리고 내용을 언제 바꾸더라도 그것은 문제가 안 된다. 모든 것은 본인의 의향과 의지에 달려 있다. 단 이 유언장이 어디에 있는지는 자식이나 본인을 대리할 수 있는 사람에게 확실하게 알려 놓아야 할 것이다.

〈유언장 예시문 1〉

유 언 장

1. 개인 신상 정보
   - 성명   (서명)
   - 주민등록번호
   - 주소
   - 작성일

2. 임종의 방식
   - 임종 장소를 어디로 할 것인지 밝히기
   - 시신 기증이나 장기 기증은 어떻게 할 것인지 밝히기
   - 만일 시신이나 장기를 기증하기로 했다면 그 동의서를 남기고 관련기관 연락처 적어 두기
   - 이러한 동의서가 어디에 보관되어 있는지 밝히기
   - 사전의료의향서를 썼는지 밝히고 썼다면 그 서류가 어디 있는지 밝히기

3. 장례의 방식

- 매장이나 화장, 자연장, 해양장 등 가운데 자신이 선호하는 장례 방식 밝히기
- 매장일 경우에는 필요할 경우 원하는 장지 밝히기
- 화장이나 자연장일 경우 유골 처리에 대해 밝히기
- 종합 상조에 가입했다면 보장 범위와 증서의 보관처, 연락처 등을 명기하기
- 원할 경우 자신의 장례식에 초청할 사람들의 범위와 그들의 연락처 및 주소 적어놓기(휴대전화 비밀번호도 밝히기)
- 장례식을 어떤 방식으로 할 건지 밝히기(특정 종교식을 원하는지 밝히기)
- 자신이 원하는 장례 순서가 있으면 밝히기
- 장례식에서 거절하고 싶은 것 있으면 밝히기(화환이나 부조금 등)
- 제사를 원하는지, 그럴 경우 누가 주재할 건지 밝히기
- 추모제가 기독교나 불교식 같은 특정 종교식이면 어떻게 하길 원하는지 그 지침에 대해 밝히기

4. 유산 상속

- 유산 및 유물을 자식들에게 어떻게 배분할지 밝히기
- 그 외 저작권 같은 지적재산권 등에 대해서도 누구에게 상속할지에 대해 밝히기
- 사회에 환원할 생각이면 어떤 기관에 기부할지 밝히기

5. 금융정보

○ 금융 관계물에 대해 정확하게 기록해 두고 이것들이 어디에 있는지 밝히기

○ 신분증(주민증, 운전면허증, 여권 등)과 도장, 현금은 어디 있는지 밝히기

○ 은행예금 통장(은행명과 계좌번호와 비밀번호를 필히 밝힐 것) 내역

○ 주식이나 유사 금융 상품, 채권(서류와 비밀번호를 필히 밝힐 것) 내역

○ 신용카드, 국민연금 가입 여부, 부동산 권리 증서, 채무 관련 증서, 세금 영수증, 자동차 등록증 보관 장소, 대출 증서 등에 관한 현황과 소재 밝히기

○ 채무 문제, 즉 누구에게 얼마를 빚졌는지 혹은 돈을 빌려 주었는지에 대해 밝히기

6. 남기고 싶은 말

사람이 한 평생을 살면서 소회가 없을 수 없다. 자신의 삶이 어땠는가를 자신의 관점에서 밝히는 것은 남은 가족들이 고인을 이해하는 데에 큰 도움이 될 것이다. 자신은 어떤 생각을 갖고 살았는지 자신에게 가장 중요했던 것은 무엇이었는지 등에 대해 써서 자신의 삶을 허심탄회하게 밝히는 것은 특히 자식들에게 매우 유익할 것이다.

뿐만 아니라 자신의 삶을 정리하는 데에도 큰 도움이 될 것이다. 우리는 살면서 자신의 삶에 대해 이렇게 글로 서술하는 일이 거의 없다. 인생을 마감하는 마당에 차분하게 자신의 삶을 글로 표현하는 것은 자

신에게도 또 다른 시각으로 삶을 되돌아볼 수 있는 기회를 제공할 것이다.

그 다음에 이 칸에 썼으면 하는 것은 자신의 가족들에게 남기고 싶은 말이다. 가족은 세상에서 가장 친한 사람들이지만 아무리 그렇더라도 평소에 자유롭게 할 수 없는 말들이 있다. 그런 말 가운데에 꼭 남기고 싶은 말이 있을 수 있다. 여기에는 바로 그런 이야기를 적는다. 특히 자식들에게 얼마나 자신이 그들을 사랑했는지 이야기해 주고 그들과 같이 지낸 지난 생이 얼마나 값졌는가를 알려준다. 이에 관해 이야기할 때 특정 사건을 거론하면서 서술하면 훨씬 더 실감나게 받아들일 수 있다. 물론 배우자에 대한 애틋한 배려도 잊어서는 안 된다. 부부로 살면서 언제 가장 고마웠는지 혹은 미안했는지를 밝혀놓으면 남은 배우자가 사별의 슬픔을 극복하는 데에 큰 도움이 될 것이다.

그 외에도 자신이 본 자식들의 장단점을 말해주어 그들이 여생을 살 때 귀감이 되게 하는 것도 좋겠다. 특히 장점을 강조해 용기를 얻도록 하면 자식들은 평생 부모에 대한 감사함을 갖고 살 수 있을 것이다. 이 항목에서 중요한 것은 자식들에게 따뜻한 마음을 두고 가는 것이다. 물론 자신이 원하는 바를 쓰는 것도 문제없다. 살아생전에 차마 부탁하지 못했던 것들을 이런 형식을 빌려 밝히는 것도 무방하다. 여기서 중요한 것은 내용보다 자신의 속마음이 그대로 드러나게 솔직하게 쓰는 것이다.

〈유언장 예시문 2〉

유 언 장

1. 개인 신상 정보

성   명   박 ○ ○   (서명)

주민등록번호   123456-1234567

주   소   ○○시 ○○구 ○○동 123-4

작   성   일   2013년 2월 12일

2. 임종 방식

임종 장소: 자신이 특별히 원하는 곳이 없으면 가족들에게 맡긴다고 쓴다.

예1) 나는 임종 장소로 어디든(집이나 병원 등) 괜찮고 자식들이 편안한 곳이면 좋습니다.

예2) 나는 가능하다면 내 집이나 ○○병원에서 임종을 맞겠습니다.

예3) 시신이나 장기는 필요한 기관에 기증을 바라나 이것 역시 자식들의 의견을 따르면 좋겠습니다(혹은 나는 이미 시신이나 장기를 기증하기로 했고 ○○기관에 위탁했으며 동의서는 ○○에 있습니다).

내가 의식불명의 상태가 되어 어떤 것도 결정할 수 없을 때에 무의미한 연명 치료는 거부합니다(만일 사전의료의향서를 작성했을 때에는 '이 의향서를 따릅니다' 라고 밝히고 그 의향서가 어디에 있는지 밝힌다).

3. 장례의 방식
여기서는 선호하는 장례 방식에 대해 밝힌다.

예) 나는 화장을 원하고, 유골은 자식들이 원하는 곳에 보관하거나 ○○장소에 흩뿌리기를 바랍니다(그러나 매장을 원할 때에는 선호하는 장지를 밝힌다. 종합 상조에 가입했을 경우에는 보장 범위와 증서의 보관처, 연락처 등을 명기한다).

장례식 때 부고장은 가장 가까운 가족에게만 돌리고, 부조금이나 현물, 화환 등은 모두 거절합니다.

장례식은 불교(혹은 기독교 혹은 재래)식으로 하고 의미 없는 염불이 아니라 죽음과 관계된 경전을 읽어 주기를 바랍니다(여기에 자신이 원하는 장례 순서-예를 들어 조사를 부탁하고 싶은 사람이 있다면 지정할 것-가 특별히 있으면 밝힌다).

추후에 하는 제사는 유교식으로 하지 말고 두 자식의 가족이 모여 간

략하게 의례를 하고 담소하는것이 좋습니다(이것은 각자의 종교에 따르면 된다).

4. 유산 상속

여기서는 유산의 정확한 상속과 기증에 대해서 밝힌다.

예) 내 유산 중 다음 것은 다음과 같이 자식들에게 분배합니다.

(예를 들어 ○○아파트는 장남 ○○에게, ○○소재 땅은 장녀 ○○에게 등등) 아울러 현금 ○○원(혹은 ○○에 있는 건물)은 사회 환원을 위해 ○○기관에 기부합니다.

5. 금융정보

여기서는 자신의 금융정보에 관해서 가능한 한 상세하게 밝힙니다(특히 비밀번호를 반드시 밝힙니다).

예) 내 신분증(주민증, 운전면허증, 여권 등)과 도장은 ○○에 있습니다. 내가 소유한 부동산은 다음과 같고, 권리증서는 ○○에 있습니다.

집 : ○○구 ○○아파트 ○○동 ○○호

땅 : ○○도 ○○군 ○○등

내 은행예금 통장과 계좌 번호와 비밀번호는 다음과 같습니다.

○○은행 : 123-456-7890 (비밀번호는 1234)

○○은행 : 234-56-7891 (비밀번호는 2345) 등

내 신용카드는 다음과 같습니다.

○○카드 : 1234-5678-9012(비밀번호는 1234) 등

내가 소유하고 있는 금융상품은 다음과 같고 관련 서류는 ○○에 있습니다.

주식 : ○○전자 ○○주(비밀번호) 등

펀드 : ○○에 ○○원(거래 은행, 비밀번호) 등

이 외에 나와 관계된 금융 관련 사항은 다음과 같습니다.

나는 ○○에게 ○○원을 빌려 주었습니다(혹은 빌렸습니다.)

나는 국민연금에 가입해 있습니다(비밀번호)

나는 ○○은행에서 ○○원의 대출을 받았습니다 등등

6. 남기고 싶은 말

이 부분은 개인적인 것이라 예시를 할 수 없다. 앞 항목에 써 놓은 지침을 참고하여 자신의 뜻대로 쓰면 된다. 여기서 중요한 것은 모든 마음을 다하여 쓰는 것이니 그것만 유념하여 자유롭게 쓰자.

부록 2

사전의료의향서

　사전의료의향서는 의학 상식이 없는 일반인들이 보기에 조금 어려울 수 있다. 어려운 의학 용어가 많이 나오기 때문이다. 그러나 이 서류를 쓰는 사람들은 대부분 자신이 의식불명의 상태가 되었을 때 연명 치료를 받지 않겠다는 사람들이니 해답은 거의 나와 있는 셈이다. 즉 심폐소생술을 비롯한 특수 연명 치료(생명유지장치)는 모두 거부하면 된다. 그러나 통증 조절을 위한 진통제 투여나 최소한의 생명 유지를 위한 영양 공급 정도의 일반 연명 치료는 받겠다고 하면 된다. 인공투석이나 항생제 투여, 혹은 번거롭기만 하고 의미 없는 각종 검사와 같은 기타 치료들도 거부하는 것이 좋다.
　이 의향서는 미리 써놓은 다음, 나중에 병원에 제출해야 하는 경우를 대비하여 가족들도 잘 아는 곳에 보관해 놓는다. 이처럼 미리 써 놓지 않았을지라도 만일 말기 질환으로 병원에 입원하게 되면 그때 써도 늦지 않다. 웬만한 종합병원에는 이 의향서 양식이 구비되어 있으니 그때 병원에 요청해서 작성해도 된다.

더 간단한 방법은 이 의향서 작성을 실천하고 있는 시민운동 단체에 연락하는 것이다. 이 모임은 〈사전의료의향서 실천 모임〉으로 이 모임에 전화로 연락하면 의향서를 받을 수 있다(모든 것이 무료이다!). 이 것을 자신이 써서 보관하고 원한다면 사본을 만들어 별도의 장소(예를 들어 병원이나 교회)에 기탁 보관할 수도 있다.

현재 이 모임은 4인 공동대표(손명세, 홍양희, 최준식, 고윤석, 회장 손명세 교수)체제로 운영되고 있고 사무실은 한국죽음학회와 같이 쓰고 있다. 전화번호는 02-2281-2670이다. 이 전화번호로 연락을 하면 누구든지 안내를 받을 수 있다.

이 부록 2에는 실제 사전의료의향서의 예시문을 첨부했다. 사전의료의향서는 각 병원마다 혹은 단체마다 조금씩 다를 수 있다. 그러나 대종은 앞에서 말한 것과 같다. 독자 여러분들은 여기서 제시한 서류를 작성해서 보관하고 있어도 아무 문제없다.

〈사전의료의향서 예시문〉

말기 환자의 연명 치료에 대한 사전의료의향서

본인(이름: 김○○)은 말기 질환, 즉 회생 가능성이 없는 질환 상태라고 의료진이 판단할 경우, 가족과 의료진에게 아래와 같이 해 주기를 요청합니다.

의학적 처치 종류		원합니다	원하지 않습니다
특수 연명 치료	심폐소생술	(서명)	박○○
	인공호흡기 삽입	(서명)	박○○
일반 연명 치료(진통제, 영양공급 등)		박○○	(서명)
기타	투석	(서명)	박○○
	항생제	(서명)	박○○
	반복적인 혈액검사	(서명)	박○○
	수혈	(서명)	박○○
		(서명)	(서명)

만약 위에 명시하지 않은 의학적 처치가 필요할 때, 본인이 의사 결정을 할 수 없는 상태라면, 본인의 생명에 대한 가치관을 충분히 이해하고 있는 대리인을 아래와 같이 지정하오니 의료진은 대리인과 상의하

여 결정하여 주십시오.

　본인의 의도가 본인의 가족과 의료진에게 구체적이고 왜곡 없이 전달되어, 평소의 소망대로 임종을 맞이할 수 있도록 진행하여 주십시오. 또한 이상의 내용이 타인에 의해 변경되지 않고 표기한 대로 법적인 효력을 유지하기를 희망합니다.

〈본인〉

이름: 박○○　(인)(서명)

주민등록번호: 123456-1234567

주소:

전화번호:

〈대리인〉

이름: 김○○　(인)(서명), 환자와의 관계: 환자의 (　　　)

주민등록번호: 123456-1234567

주소:

전화번호:

년　월　일

임종 준비

등　　록　1994.7.1 제1-1071
1쇄 발행　2013년 4월 30일
3쇄 발행　2017년 7월 31일

지은이　최준식
펴낸이　박길수
편집인　소경희
편　집　조영준
관　리　위현정
디자인　이주향
펴낸곳　도서출판 모시는사람들
　　　　03147　서울시 종로구 삼일대로 457 (경운동 수운회관) 1207호
전　화　02-735-7173, 02-737-7173 / 팩스 02-730-7173
홈페이지　http://www.mosinsaram.com/

인　쇄　상지사P&B (031-955-3636)
배　본　문화유통북스 (031-937-6100)

값은 뒤표지에 있습니다.
ISBN　978-89-97472-36-9　04100
ISBN　978-89-97472-34-5　04100 (SET)

* 잘못된 책은 바꿔 드립니다.
* 이 책의 전부 또는 일부 내용을 재사용하려면 사전에 저작권자와 도서출판 모시는사람들의 동의를 받아야 합니다.

이 도서의 국립중앙도서관 출판예정도서목록(CIP)은 서지정보유통지원시스템 홈페이지(http://seoji.nl.go.kr)와 국가자료공동목록시스템(http://www.nl.go.kr/kolisnet)에서 이용하실 수 있습니다. (CIP제어번호 : CIP2013002620)